信仰与社会

冯 波 肖 明 主编
杨江林 赵宝晨 副主编

中国传媒大学出版社
·北京·

目 录 Contents

序 言 / 1

第一章　导论 / 1
　　一、信仰何谓？ / 1
　　二、信仰何用？ / 10
　　三、信仰社会学何为？ / 14

第二章　中国传统社会的信仰结构及其对社会的影响 / 29
　　一、非宗教信仰——儒家的道德信仰及其对社会的影响 / 32
　　二、宗教信仰及其对社会的影响 / 42

第三章　丝绸之路与信仰传播 / 58
　　一、丝绸之路的开辟与命名 / 61
　　二、盛唐时期的中外宗教文化交流 / 62

第四章　当代中国社会信仰结构及其对社会的作用 / 69
　　一、当代中国社会主流信仰及其对社会的作用 / 69
　　二、当代中国社会非主流信仰及其对社会的作用 / 80

第五章　红色信仰在当代中国社会的价值、功能 / 83
　　一、在文艺作品中可以充分挖掘红色信仰资源 / 83
　　二、红色旅游资源助力乡村振兴 / 96

第六章　大学生马克思主义信仰的生成机制研究
　　——以 C 高校为例　　　　　　　　　　　　　　／ 101
　一、研究设计　　　　　　　　　　　　　　　　／ 104
　二、编码分析　　　　　　　　　　　　　　　　／ 105
　三、结论与讨论　　　　　　　　　　　　　　　／ 111

第七章　历史记忆与国家认同
　　——滇西多族群社会中的三崇信仰研究　　　　　／ 114
　一、"三征麓川"：滇西社会的国家记忆　　　　　／ 115
　二、三崇信仰的王骥建构　　　　　　　　　　　／ 119
　三、三崇庙楹联：王骥形象的塑造　　　　　　　／ 124
　四、王骥：滇西社会的国家象征　　　　　　　　／ 127
　五、结论　　　　　　　　　　　　　　　　　　／ 128

第八章　新时代中国特色社会主义的信仰塑造　／ 130
　一、新时代中国特色社会主义信仰塑造的必要性、紧迫性　／ 130
　二、新时代中国特色社会主义信仰塑造的条件　　／ 145
　三、新时代中国特色社会主义信仰塑造的路径　　／ 148

附录　共产主义信仰是怎样"炼"成的？
　　——以王复生、王德三烈士的信仰建构为例　　／ 152
　一、经过五四运动的洗礼，对比不同的理论，王复生最终选择了马克思主义信仰并影响了他的两个弟弟　　　　　　　　　　　　　／ 155
　二、志士仁人的榜样力量，使王复生坚守信仰、视死如归　／ 156
　三、对捍卫信仰的自我体认，使王复生、王德三"向死而生"　／ 158

参考文献　　　　　　　　　　　　　　　　　　／ 163

后　记　　　　　　　　　　　　　　　　　　／ 171

序　言

　　信仰是人的本质属性之一。无论是否意识到，人都是有信仰的。"人生自古谁无死，留取丹心照汗青"，就是关于信仰的写照。"杀身成仁，舍生取义"也是对于信仰作用的诠释。明清之际，启蒙思想家唐甄把道这一信仰看作是人和禽兽的根本区别："人之于道犹门也，而不出入于门；人之于道犹饮食也，乃饮食而不知味，其异于禽兽者几希矣。"[①] 他还把学圣人之道当作可以令人无忧的乐事："有一事可以无忧，人不知求之耳，学圣人之道是也。"[②] 京剧有出戏叫《八珍汤》。故事情节是：山西平阳张文达为进京参加科举考试，向周、常两家借了高利贷。张走后，因无力还债，常、周两家将张的两个幼子抢去抵债，并分别为其改名常天保、周子卿。张妻孙淑琳离家逃荒。二十年后常、周兄弟俩科考得中，在洛阳为官。孙淑琳流落到洛阳，沦为常府之奴。常妻虽然吃斋念佛，但心地歹毒，对孙百般毒打责难，得知孙实为其婆母后，非但不认，反把她轰出府门，令其在冰天雪地、大风呼号的寒冬无处可依。常府丫鬟春兰心地善良，在风雪中给孙送了吃的，还给她披了件斗篷，使其没有冻饿而死。在春兰的坚持下，孙答应和她一起去周家讨个安身之处。在周府，周妻收留了孙淑琳，仔细询问其身份和遭遇，证实了孙是其婆母，厚待了孙。此后，周子卿找常天保商议认母之事，常妻坚持不认，常对彪悍、无礼、无德的妻子言听计从。适逢张文达奉旨巡查洛阳，父子相认，夫妻相见，孙收春兰为义女，怒斥天保夫妻，全家团圆。在这出戏中，常天保的夫人虽然吃斋念佛，但

---
① 唐甄.潜书校释[M].黄敦兵,校释.长沙：岳麓书社，2011：87.
② 唐甄.潜书校释[M].黄敦兵,校释.长沙：岳麓书社，2011：66.

信仰的是功利、利益。她对丈夫说的一段台词体现了她的这种信仰："把个穷叫化婆子弄来当管主，我可不答应！再者说了，堂堂的五品知府，认仆为母，你就不怕有失官体、丢人现眼吗？你睁开眼睛瞧瞧，如今的世道有什么仁义廉耻，有什么忠恕孝道。何人有情？哪个有义？把个穷叫化子婆子当亲妈供着，是能把她当钱花？还是能把她当东西用？搁着碍眼，使着碍事，你这不是给自己个找恶心嘛！"接下来的唱儿与这段念白呼应：

> 人世间恶当先，
> 讲忠恕不值钱，
> 仁义善良傻瓜蛋，
> 杀人放火手狠心黑做高官。
> 认一个穷婆子碍手碍眼，
> 同僚闻听成笑谈。
> 当断不断后悔晚，
> 为妻室你就该斩断孽缘。

在生活中我们既会遇到常妻这种有功利信仰的势利小人，也会遇到像春兰那样善良的人。京剧《潞安洲》讲的是南宋时金兀术侵宋、攻潞安洲。守将陆登誓死扼守潞安洲。金兀术抓获韩世忠派去给陆登送信的差官，搜得韩致陆的一封信。金的军师哈迷蚩向差官打探了韩世忠的家世以后，杀死了差官，自己假冒差官于半夜进了潞安洲见陆，但被机智如小诸葛的陆登识破了奸细的身份、割鼻放归。金兀术见状，紧急施计攻破了城池，陆妻尽节，陆登抱憾不能守护儿子和百姓、自刎身亡，但尸体立而不倒。金兀术见状，承诺收养其子陆文龙，使其延续陆家的香火。但尸体仍立而不倒。这时，金又承诺绝不滥杀无辜，一定要保全全城百姓的性命。此时，陆登的尸身才轰然倒下。剧情令人落泪，其中凸显的是陆登的牵挂，同时也是他的信仰：儿子，百姓。京剧《锁麟囊》讲述的是大家小姐信仰积德行善会有好报的故事：大家闺秀薛湘灵出嫁途中把娘家陪嫁的锁麟囊赠送给了赵家姑娘，后者为没有嫁妆、老爹贫寒而难过。几年后，薛遭遇了洪水，与家人失散，流落到赵家姑娘所嫁的人家为保姆。赵家姑娘得悉薛娘子就是当年她的恩人后，投桃报李，两人拜了干姐妹。京剧《周仁献嫂》《赵氏孤儿》体现的是为了一个"义"字，为了一句对别人的承诺，义兄可以把自己的夫人送给严嵩犯险、最终殒命；草泽医人可以把自己的亲生骨肉"献"出来以救孤儿的性命。当代中国，马克思主义是共产党员共同的信仰，是新时代中国特色社会主义建设的强大精神动力。

本书运用类型学的方法，将信仰分为中国传统社会信仰和当代中国社会信仰两大类，研究信仰与社会的关系，在此基础上探讨了新时代中国特色社会主义信仰的塑造问题。第三章是对第二章内容的补充、拓展与深化，第五、六、七章和附录是对第四章内容的拓展和深化。

2014年9月9日，习近平在同北师大师生代表座谈的讲话中对教师的理想信念问题专门作了论述[①]：

> 做好老师，要有理想信念。陶行知先生说，教师是"千教万教，教人求真"，学生是"千学万学，学做真人"。老师肩负着培养下一代的重要责任。正确理想信念是教书育人、播种未来的指路明灯。不能想象一个没有正确理想信念的人能够成为好老师。唐代韩愈说："师者，所以传道授业解惑也。""传道"是第一位的。一个老师，如果只知道"授业"、"解惑"而不"传道"，不能说这个老师是完全称职的，充其量只能是"经师"、"句读之师"，而非"人师"了。古人云："经师易求，人师难得。"一个优秀的老师，应该是"经师"和"人师"的统一，既要精于"授业"、"解惑"，更要以"传道"为责任和使命。好老师心中要有国家和民族，要明确意识到肩负的国家使命和社会责任。
>
> 我们的教育是为人民服务、为中国特色社会主义服务、为改革开放和社会主义现代化建设服务的，党和人民需要培养的是社会主义事业建设者和接班人。好老师的理想信念应该以这一要求为基准。广大教师要始终同党和人民站在一起，自觉做中国特色社会主义的

---

① 习近平：做党和人民满意的好老师——同北京师范大学师生代表座谈时的讲话（2014年9月9日）[N].人民日报，2014-09-10.

坚定信仰者和忠实实践者，忠诚于党和人民的教育事业，自觉把党的教育方针贯彻到教学管理工作全过程，严肃认真对待自己的职责。要注重加强中国特色社会主义理论体系的学习，加深对中国特色社会主义的思想认同、理论认同、情感认同，不断增强道路自信、理论自信、制度自信，积极引导学生热爱祖国、热爱人民、热爱中国共产党。好老师应该做中国特色社会主义共同理想和中华民族伟大复兴中国梦的积极传播者，帮助学生筑梦、追梦、圆梦，让一代又一代年轻人都成为实现我们民族梦想的正能量。

广大教师要用好课堂讲坛，用好校园阵地，用自己的行动倡导社会主义核心价值观，用自己的学识、阅历、经验点燃学生对真善美的向往，使社会主义核心价值观润物细无声地浸润学生们的心田、转化为日常行为，增强学生的价值判断能力、价值选择能力、价值塑造能力，引领学生健康成长。

习近平对教师的信仰要求也是对当代中国社会主流信仰的总要求。本书结合不同的时空情境，具象化地挖掘信仰的社会价值，目的在于启发人们对信仰的反思与重视，从而从信仰的高度、深度对个体行为、社会影响负责，坚定有利于自身和社会发展的信仰，实现个体和社会的和谐。

本研究属于信仰社会学性质的探索，由于作者水平有限，一定会有很多不足之处。希望得到同仁的批评指正！

冯波
2019 年 9 月 9 日

第一章 导论

○ 冯 波 杨 蔚 赵宝晨

谈到信仰，比较抽象。但谈到信仰的表现形式，就比较具体、形象了。信仰的表现形式五花八门：在一个吝啬的守财奴那里，钱是信仰；在孔乙己那里，面子是信仰；在有些唯上的人眼里，权力就是信仰；在一个伪君子那里，她所说的一切冠冕堂皇的话、做的表面文章，骨子里都是为其自私的目的服务的。在《入党——40个人的信仰选择》一书中，收录了朱德、叶挺、谢觉哉、邓初民、许德珩、沈雁冰、钱学森、程砚秋、梁思成、华罗庚等40个人的入党故事。"他们中的多数人是在革命时期入的党。那时，入党意味着奉献，甚至意味着牺牲。他们是经过深入思考、理性选择入的党。他们入党后，不怕吃苦，甚至不怕牺牲；敢于担当，不计个人荣辱；廉洁奉公，不占公家一点便宜；严守纪律，听从党的指挥；道德高尚，严以律己。他们的表现，让我们今天的很多人感动、敬佩。究其原因，就是他们有理想信念，有精神追求。"① 共产主义理想、马克思主义信仰是上述共产党员的信仰选择、精神追求，也是他们革命的动力。20世纪初的新文化运动力中，中国知识界从西方大量译介各种"主义"，与此相伴随的是"信仰"一词的频繁使用。在此之前，"信仰"一词在中国古典文献中比较少见，基本上只见于佛教文献。

一、信仰何谓？

信仰究竟是什么？这要从信念的概念谈起。信念是认知、情感、意志的有

---

① 谢春涛.入党——40个人的信仰选择[M].成都：四川人民出版社，2016：2.

机统一体,是人们不可或缺的精神品质,具有执着性、多元性等特征。信仰从属于信念,是信念最集中、最高层次的表现形式。不同学科对信仰有不同的定义。从字面的意思上看,信仰就是其信奉者对某种主张、主义、宗教或某人的信奉和崇敬,并以之作为自己行动的指南或榜样。"信为认知上的超前性和超理性,仰则是行动上的超越性和敬畏性,指一种往上的、超然的、折服的心态及相应的行动选择。"[1]中国民间有句流传甚广的俗语:"举头三尺有神明",这句话对于信仰神明、无形的力量的人来说有行动的约束力,但对没有敬畏心的人而言则没有约束力。从哲学的角度看,社会性是人与动物的本质区别。人的社会性的表现之一即人有信仰,所以,信仰是人与动物的本质区别的表现。动物可能有自己的欲望,比如狗狗会喜欢他的主人,想要主人陪它出去玩儿,但动物没有信仰。"人之所以为人,是因为人有信仰追求,而不是说人比其他生命更能干。信仰问题是人生的根本问题,人生是清醒还是迷茫,是空虚还是充实,是充满希望还是绝望,是有价值还是幻灭,这些都涉及人的信仰这个根本问题。"[2]哲学意义上的信仰可以从知识论和人本学两个角度界定。"在知识论意义上,信仰是与科学、知识相对应的哲学范畴。如果某个命题、判断被证实了,它就是知识,是一个科学的命题或判断。如果某个命题、判断被证伪了,它就是谬误,是一个错误的命题或判断。如果某个命题、判断尚未被检验或者虽然被检验但却既无法证实又无法证伪,对于这个命题、判断的坚信就是信仰。"[3]在人本学意义上,信仰是人类对其认定的、体现着最高价值的信仰目标稳定、持久、排他地执着追求的精神活动,是人类精神领域的核心,是人类精神的支撑点和精神动力。人类对大自然与生俱来的崇拜、感激和恐惧,对生之意义的追问,对生命无限的向往、希冀和追求都需要信仰的解答、安抚、实现和满足。信仰是人本性的需要,是一种对人生终极关切的态度,是人安身立命的根本,"是人对现有世界的内在超越,它表现为人对超时空结构的无限和永恒的渴望。信仰作为人类精神最深层的结构,体现了主体对人生的终极依据、

---

[1] 卓新平.中国宗教与文化战略[M].北京:社会科学文献出版社,2014:15.
[2] 净慧.生活禅钥(增订版)[M].北京:生活·读书·新知三联书店,2014:238.
[3] 石云霞.当代中国价值观论纲[M].武汉:武汉大学出版社,1996:218-219.

根源、本体、意义、价值目标的追求与寻找"①。人总是希望超越现实的存在，而这种超越是有层次差别的，因而人有着现世的世俗关怀，亦需有指向未来的终极关怀、信仰。从社会学的视角看，信仰"是构成整个社会系统中重要的制度性组织和制度性知识系统之一。信仰作为既存社会秩序的最有力支点之一，其所体现的是一整套人类活动，是具有重要意义的社会形式的综合体"②。

（一）信仰的特点

信仰处于人类精神的最深层次，有以下五个特点：

1. 理想目的性：作为人类的一种生命关怀和终极关怀，信仰体现并代表着人生的最高价值，超越了实际利益关系的体验和调节，关注、追求着高于现实的尽善尽美，是主观上充分但客观上不充分的一种信念、期望。

2. 专一性和排他性：信仰具有专一性——信仰一旦被确立，就有了执着性。对于特定历史背景下的特定信仰主体来说，信仰不可能是多元的。信仰不仅排斥怀疑，更排斥他种信仰，因而才有了人类信仰冲突与融合并存的现象。

3. 持久性和坚定性：信仰的确立是人自身本质力量和未来生命发展方向的确立，是人自觉地实现劣根性的祛除、品性改造的理想性确定。人在这一过程中力图通过自我的清醒，实现自由理性的确立与延伸，完成自我的强烈发展愿望。这就决定了信仰被坚定认同因而具有长期稳定并持久不变的性质。

4. 神圣性："信仰是建立在主体对客体的神圣性体验的基础上的。"③

5. 自主性：信仰是信仰主体对信仰客体的自主性的情感体验。"有意识有思想的人也是有信仰的人。区别只在于这种信仰科学不科学、坚定不坚定、自觉还是自发，而不是有与无。那些被认为干坏事而没有信仰的人，其实是既没有对末日和天堂地狱的恐惧，没有因果报应的宗教信仰，更没有伟大的理想信仰，但他们肯定有一种信仰，这就是自发地相信'人不为己，天诛地灭'。他们可能不知道何谓信仰，也不知道自己怀着这种观念也是一种信仰。因为这种极端利己主义的信仰与他的人生观是合二为一的。他怀着一种极端自私自利的

---

① 石云霞.当代中国价值观论纲［M］.武汉：武汉大学出版社，1996：219.
② 李向平.信仰及其秩序的构成——中国信仰社会学的理论视角［J］.创新，2012（2）：12.
③ 石云霞.当代中国价值观论纲［M］.武汉：武汉大学出版社，1996：220.

人生观，认为人的本性是自私的，这种坚定不移的观念就是他的信仰，而他的这种信仰就是他的人生观。"① 例如，一条柴犬咬死了别人家的泰迪。柴犬主人连句道歉的话都没有，更别说赔偿损失了。这种"人"即丧失了良知的、极端自私自利的行尸走肉。

（二）信仰的组成部分

信仰作为一种精神现象，是由信仰主体、信仰客体和信仰实践三部分构成的。信仰主体是信仰形成和发展的主体条件，它包括信仰者、信仰情感以及信仰态度三个要素。信仰者既包括单个的信仰个体，也包括由信仰个体在共同信仰感召下所结成的用以进行信仰活动的机构、团体（亦即信仰组织）。信仰客体即信仰对象，包括语言、文字形成的信仰信条、教义、理论等系统的价值观念体系（亦即信仰观念），也包括被信奉的信仰偶像及组织。信仰实践即信仰主体的行为，是信仰主体在信仰观念指导下的活动，是信仰的现实存在状态。

信仰客体的不同是区分不同信仰的主要标志。具体的信仰对象往往是观念形态和物象形态的有机统一。观念形态表现为命题或理论，是体现为观念的认识结论。物象形态往往表现为形象性图景或实体性人或物。

（三）信仰的类别

信仰有不同的类别，从不同的角度可以对信仰进行不同的分类。"信仰从静态结构上看包括三个层次：最高的本体论层次是作为终极关切态度和对象相统一的对人生绝对依据的寻找，它将无限和永恒作为内在的终极依托，这是本体论意义上的信仰。其二，则是以终极关切的态度去信仰有限的存在，如儒家的道德信仰以立德、立功、立言为不朽的人格，即对人伦规范所具有的终极依托状态。其三，则表现为对具体事物的相信，如对'金钱'、'权力'的崇拜，这是浅表层的信仰。"②

从信仰的对象角度，可以将信仰分为道德信仰、法律信仰、宗教信仰、权威信仰、社会理想信仰等。道德信仰是对道德的终极关怀，是人对道德的最高

---

① 陈先达. 马克思主义信仰十讲 [M]. 北京：人民出版社，2018：21-22.
② 石云霞. 当代中国价值观论纲 [M]. 武汉：武汉大学出版社，1996：222.

目标和最高境界的崇拜，是对社会生活领域人与人之间关系的状态或目的的超越性把握，是人的精神领域活动，具有非实证性。在哲学史上，康德是第一个从哲学层面较系统地阐释道德信仰——实践理性的哲学家，也是"第一个给信仰以独立的生存权和广阔的存在领域并深刻地加以研究的学者"[①]。康德通过考察人的认识能力，划分了此岸和彼岸。此岸为现象界，是人类的纯粹理性所能达到的；彼岸即自在之物则是人类的纯粹理性达不到的。物理学、自然科学等在此岸；上帝、信仰、道德等在彼岸，是实践理性的对象。道德信仰被康德解释为人们在行动中对至善和幸福的追求，他赋予了道德信仰极高的价值。中国传统社会作为一个典型的礼俗社会，是推崇道德信仰的典范。以自律意识为基础的道德规范构成中国传统社会的主要调控体系。道德信仰作为人的精神生命形式，为传统的中国人提供了安身立命的"精神家园"和"理想国"。法是人类发展史上最重要的文明成果之一。在一定意义上，人类的历史就是一部追求正义、公平、效益、秩序、自由发展的法的历史。法律作为一种神圣的规范和融涵了自由、正义、秩序的人类梦想的终极价值，是现代社会大多数社会主体的信仰。社会理想信仰是理想社会形态的一种价值目标，从"大同社会"到共产主义一直是人类对社会形态的至高追求。社会理想信仰揭示人类历史发展的一般规律，为人类终极社会理想的建设做出科学的预见、提供理论上的支持。例如，共产主义信仰指其信仰者对共产主义学说和理论的信服、尊敬和崇拜，并朝着共产主义学说和理论所指引的方向而不懈奋斗。

从信仰的性质角度，可以将信仰分为理性信仰、非理性信仰或科学信仰、非科学信仰。科学信仰指人类运用逻辑理性或观察实验等方法对自然、社会和人类思维规律进行系统、精确的认知、分析而形成的以概念、判断、推理为基础的信仰体系。它是人们积极、现实地求真求实的信仰。科学信仰包括自然科学信仰和人文科学信仰，因具体信仰对象的不同又可细化为科学理论信仰、日常生活信仰、职业信仰、理想信仰等诸多类型。非科学信仰则是不以科学为依据、非理性的信仰，包括宗教信仰、迷信等。迷信是一种盲目的信仰，指下层民众的某些愚昧的崇拜和祭祀活动。

[①] 石云霞. 当代中国价值观论纲［M］. 武汉：武汉大学出版社，1996：219.

从表现形态的角度，可以将信仰分为具象信仰和抽象信仰。从地域或空间的角度，可以将信仰分为西方信仰、东方信仰等。从中国历史发展的角度，可以将信仰分为中国传统信仰和当代中国信仰（本书的结构安排即借鉴了这种分类法）。李向平从信仰对象本质的角度对信仰做了分类，认为："虽然人类文明中的信仰形态，林林总总，非常丰富，但就其主要形式来说，不外就是两大信仰类型：以人为本与以神为本。在这两大信仰类型中，神人关系及其神圣性建构是它们的核心。以此为核心，人类文明呈现了不同模式的神人关系与信仰类型，构成了不同的权力观及其实践模式。"[①]

从信仰目标是否具有神圣性的角度，信仰可以分为宗教信仰和非宗教信仰两种类型。"宗教必定是信仰，而信仰却不必完全是宗教。"[②] "宗教只是信仰的一种具体形式，而不是信仰的全部。"[③] 宗教信仰指制度性宗教的信仰——信奉某种特定宗教的人们将日常生活世界中难以理解、无法驾驭的各种神秘力量超自然化、拟人化，把它们当作神圣的崇拜对象进行供奉、膜拜，且由崇拜、认同而产生坚定不移的信念及全身心的皈依——表现和贯穿于特定的宗教仪式和宗教活动中，并用来指导和规范自己在世俗社会中的思想和行为——宗教信仰同时也意味着"一套包含善恶是非判断的价值系统，它为信仰者提供意义阐释和行为规范，从而引导并规范其思维与行动"[④]。宗教信仰是一种特殊的社会意识形态和文化形式，与伦理道德密切相关。

从综合的角度，可以把宗教分为正教和邪教。有宗教信仰的人"知道应该如何生活，知道生活的意义，也就是为什么生活；他们还知道自己从哪里来，到哪里去。心怀信仰而从容赴死的人，为了信仰而慷慨就义的人，叫作死得其所。成为人生指路明灯且没有利益集团人为操纵的信仰是正义的，这样的宗教叫作正教。小部分人通过控制大部分人的思想，而控制大部分人的行为，达到有利于小部分人私利的目的，这样的信仰是邪恶的，这样的宗教叫作邪教。正教通过影响人的思想而影响人的行为，邪教则是通过控制人的思想而控制人的

[①] 李向平. 两种信仰概念及其权力观 [J]. 华东师范大学学报（哲学社会科学版），2013（2）：22.
[②] 吴华. 信仰研究的四重逻辑与一种范式 [J]. 宗教学研究，2019（2）：275.
[③] 石云霞. 当代中国价值观论纲 [M]. 武汉：武汉大学出版社，1996：218.
[④] 章立明，等. 民族地区宗教信仰与社会秩序的民族志研究——以南传佛教文化区为例 [M]. 北京：人民出版社，2016：2.

行为"①。例如，某些所谓"宗教"引导信众迷信某个个人，用各种堂而皇之的理由迫使信众"布施"。实际是借宗教之名行诈骗、敛财之实。此即邪教的一种表现形式。

非宗教信仰的信仰目标是世俗的某种价值物，比如共产主义信仰、利己主义信仰、道德信仰、科学信仰、教育信仰等。中国的家训可以宽泛地划归道德信仰。家训形塑着家风。"家风，顾名思义，就是一个家族、家庭所具有的风气、风貌。家族所传承下来的，不仅仅是血脉的牵连，也有这个家族的性格。在我国古代，有书香世家，有诗礼传家，有耕读传家，有悬壶济世的杏林世家，也有诚信千金的商贾之家。祖辈的箴言教诲、行动风貌，经过时间的磨砺与积淀，便会化作最精华的营养，逐渐浸润到子孙后代的骨血之中。从一个家族成员的言行举止和修养风度，就可以感受到这个家族独特的气质。好的家风，可以泽被子孙，可以让一个家族兴盛强大，可以绵延数代、数十代乃至百代而不坠。家风的形成，虽似春风化雨、润物无声，却也似一部波澜壮阔的史诗，诉说着一个家族的起伏与坚持。"②

蔡元培对教育和科学抱有虔诚的信仰。他生平的最大贡献也在教育。从年轻时候开始，他就立志从事教育事业。他不赞成康、梁等维新派的做法。"他认为中国这样大，积弊这样深，不在根本上从培养人才着手，要想靠下几道上谕来从事改革，把这全部腐败的局面转变过来，是不可能的。戊戌政变，康梁远逸，六君子被杀，坚定了蔡元培的看法。"③从1898年9月起，蔡元培开始办教育，此后他一生中的大部分时间都在从事教育事业。1912年，蔡元培撰文《对于新教育之意见》，认为："以现世幸福为鹄的者，政治家也；教育家则否。盖世界有二方面，如一纸之有表里：一为现象，一为实体。现象世界之事为政治，故以造成现世幸福为鹄的；实体世界之事为宗教，故以摆脱现世幸福为作用。而教育者，则立于现象世界，而有事于实体世界者也。故以实体世界之观念为其究竟之大目的，而以现象世界之幸福为其达于实体观念之作用。"④

---

① 姚志斌.致中和（修身 齐家 思危 居安）[M].长春：吉林出版集团股份有限公司，2019：270.
② 潘帅.治家勉学存孝义——颜之推与颜氏家风[M].郑州：大象出版社，2016：7.
③ 唐振常.蔡元培传[M].上海：上海人民出版社，2018：291-292.
④ 蔡元培.蔡元培文录[M].北京：商务印书馆，2019：98.

教育的目的是使人人有适当的行为，德育是教育的中心，美育辅助德育。对北京大学旧风气、体制的改造是蔡元培在中国教育史上最光辉的贡献。思想自由、兼容并包是北大的真精神。"一种讲义，听者或数百人以至千余人；而别有一种讲义，听者或仅数人。在学术上之价值，初不以为是轩轾也。如讲座及研究所之设备，既已成立，则虽无一学生，而教员自行研究，以其所得，贡献于世界，不必以学生有无为作辍也。"① 在蔡元培的提倡和积极努力下，"一个腐败沉寂的旧北京大学，焕然一新，变为生意盎然的新北京大学，新思想新潮流应运而生。他领导下的北京大学，不只真正成了全国最高学府，也成了新文化的发源地。五四运动爆发于北京大学，并非偶然。这一切，取决于他那气度恢宏的兼容并包思想"②。在办好教育的同时，蔡元培也对提倡和培植中国科学事业不遗余力，对中国现代科学事业的发展做出了重要贡献。1928 年 6 月，中央研究院成立，蔡元培任院长，一直到 1940 年去世。"蔡元培办理中央研究院，仍本其兼容并包思想，主张学院自由，各种问题都可以研究，各种学派并存。这是学术进步的基础。正因为如此，中央研究院便能网罗各方面的学者专家，在研究工作上取得成绩。"③ 教育和科学是蔡元培的两大信仰和一生事业的两大支柱。蔡元培还力倡以美育代宗教。"美育者，应用美学之理论于教育，以陶养感情为目的者也。"④ 美育不只包括建筑、雕刻、图画、音乐、文学等，还包括美术馆的设置、剧场与影戏院的管理、园林的点缀、公墓的经营、市乡的布置、个人的谈话与容止、社会的组织与演进等。"凡有美化的程度者，均在所包，而自然之美，尤供利用。"⑤ 冯友兰评价蔡元培说："古人说，人有三不朽，太上有立德，其次有立功，其次有立言。蔡先生在这三方面，固然都有成就，但其成就最大底，恐怕还是在立德方面。"⑥

---

① 蔡元培.蔡元培文录［M］.北京：商务印书馆，2019：226.
② 唐振常.蔡元培传［M］.上海：上海人民出版社，2018：299.
③ 唐振常.蔡元培传［M］.上海：上海人民出版社，2018：303.
④ 蔡元培.蔡元培文录［M］.北京：商务印书馆，2019：155.
⑤ 蔡元培.蔡元培文录［M］.北京：商务印书馆，2019：152.
⑥ 冯友兰.三松堂全集：第五卷［M］.郑州：河南人民出版社，1986：392.

（四）信仰产生的条件

信仰是如何产生的？从个体内在心灵需求角度看，每个人都需要把自己与更高、更大的存在联结起来，与能长远存在的东西联结起来。这是信仰产生的潜在依据。从社会学的角度且从外部条件来看，信仰产生的问题和人的社会化有关。社会化是个体在各种社会化主体的作用下从生物人成长为社会人、形成社会角色和自己的人格并传承社会文化的过程。信仰是社会化的成果。社会化的主体——学校、传媒、社会环境、工作单位等会利用各种方式对社会化的客体进行信仰引导。列维-斯特劳斯认为："一个人必须很天真或不诚实，才会认为人们能够完全不受其生存处境的影响去选择其信仰。不但不是政治制度决定社会存在的形态，而是社会存在的形态赋予表达其社会存在的意识形态意义。意识形态只是一组记号，只有在其所指的事物确实存在的情况下，才构成一种语言。"①

从发生学的角度看，信仰多是无意间、不自觉地产生的；主要基于具体的生活、行为、经验和阅历；天才的直观和其对于宇宙人生的识度也是信仰产生的一个来源；信仰中一定包含着理想、想象的成分。②上述角度的解释似乎有些矛盾。但可以认为，信仰是在外部力量的引导和个体主动选择的相互作用下形成的。例如，岳飞的爱国信仰受到了其母的影响，但同时也是他主动选择的结果。另外，信仰的巩固是一个践行过程，需要在相反的价值目标的映衬之下加以强化。明清之际启蒙思想家唐甄曾说："贪财淫色，小人之欲也，非吾之所患也。吾之所患者，欲挟理而处，挟义而行。岂惟人不能辨，亦且不能自辨。……道为治本，欲为乱根。世之攘攘藉藉者，皆从欲起。有欲不除，除之不尽，而欲治天下，欺天下乎！"③道之为信仰，不可为欲遮蔽。本书附录对王复生、王德三兄弟信仰建构条件的分析也可作为上述观点的佐证。

---

① 列维-斯特劳斯.忧郁的热带［M］.王克明,译.北京：中国人民大学出版社,2009：175.
② 贺麟.文化与人生［M］.北京：商务印书馆,1988：88-89.
③ 唐甄.潜书校释［M］.黄敦兵,校释.长沙：岳麓书社,2011：79.

二、信仰何用？

有一首歌颂法制信仰的歌叫《信仰》（高占国／作词，姜丽娟／作曲），唱出了信仰对人的作用。歌词如下：

> 窗外天空飘起雪花
> 镜中青丝变成白发
> 走过漫漫人生旅程
> 你是我心中最深的牵挂
> 与你邂逅少小年华
> 对你敬仰从此萌发
> 不顾一切追随着你
> 哪怕岁月变迁、风吹雨打
> 你是那样神圣、神圣
> 你是那样伟大、伟大
> 你是我的永恒信仰
> 甘愿为你把青春热血挥洒
> 无论海角天涯
> 多少春秋冬夏
> 时刻紧跟你的步伐
> 甘愿为你奉献最美的年华、最美的年华

"信仰的追寻，本身便是追寻有意义的生活。活着，拥有信仰便是有意义的人生，于是乎便能无憾地活在这个世界上。"[①] 信仰是一种"为世界或社会提供解释的方法。其追求目标，大多是一个比现实世界更加美好、更加理想的人心与存在，以解决人们的苦难与困惑"[②]。信仰内化于心，外化为一种思维方

---

① 圣凯.中国佛教信仰与生活史[M].南京：江苏人民出版社，2016：331.
② 李向平.信仰社会学研究要义——兼论信仰如何成为中国问题[J].上海大学学报（社会科学版），2013（1）：54.

式、生活方式。信仰对于其信仰者有价值理性行动指导的作用，在其信仰者心目中被赋予了无可替代、至高无上的地位和价值，为了信仰，他（她）不惜一切代价、不计成本——即使付出生命也在所不惜。具体来说，信仰会对其信仰者产生观念、行为、心态等方面的诸多影响。例如，对楚国的深沉之爱使屈原矢志不移地眷恋着楚国的土地，"世人皆浊我独清，众人皆醉我独醒"，屈原血脉里的与楚国同在的高贵信仰使他宁可投江自尽也不会苟活于世。"修养之道，在平日必有种种信条：无论其为宗教的或社会的，要不外使服膺者储蓄一种抵抗能力，遇事即可凭之以定抉择。如心所欲作而禁其不作，或心所不欲而强其必行，皆依于信条之例。此种信条，无论文明、野蛮民族均有之。"①信仰可以给人心理安慰与行动动力，"还可以通过维护社会控制、强化现行社会价值观和目标、提供克服罪恶感和异化的手段等，来加强社会的秩序与稳定"②。

关于宗教信仰的作用，休谟和托克维尔的研究很经典。休谟曾经设想一个索邦神学院的学生会对赛斯教士提出这样的问题："你怎么可以崇拜韭菜和洋葱呢？"教士会回答说："如果我们崇拜它们，至少，我们同时也就不会吃它们。"③宗教信仰往往会令信徒产生狂热的行为。托克维尔认为，有坚定不移的信仰是人类的常态，没有信仰只是偶然的现象。人如果没有信仰，就必然受人奴役。人要想有自由，必须信奉宗教。"宗教对于托克维尔来说变成'锤炼'和'指导'民主所必要的主要矫正器。宗教唤醒庸碌的心灵，促使在现代人的自由范围内培养像古代人一样懂得行使自由的公民。事实上，它表明一种走向外部、走向高处和勇往直前的运动，从而克服个人的利己主义，使心灵得到升华而直面上天，恢复人们对于未来的追求，并因此而延伸他们行动的目标。因此，宗教给民主社会带来它所缺少的凝聚力、上升力和真正的动力。"④托克维尔用宗教解释了美国民主何以可能的问题，成为政治社会学的经典研究范式。

净慧法师提出了做人的八个字：信仰，因果，良心，道德。他认为，"做

---

① 蔡元培.蔡元培文录［M］.北京：商务印书馆，2019：138.
② 李向平.信仰及其秩序的构成——中国信仰社会学的理论视角［J］.创新，2012（2）：13.
③ 休谟.宗教的自然史［M］.徐晓宏，译.上海：上海人民出版社，2003：80.
④ 阿隆，贝尔，等.托克维尔与民主精神［M］.北京：社会科学文献出版社，2008：179–180.

人如果能够把握这八个字，能够从这四个方面净化生命、提升生命，那就是逐步获得时空无量的具体方法和步骤。"①他强调指出："人生不能没有信仰。人生没有信仰了，就好像一个人没有灵魂一样，做一切事情没有定盘星，没有内在的符合善法的标准、符合自他利益的标准。一个人只有选择了正确健康的信仰，人生的道路和方向才能够真正定位。如果人生的方向不能定位，我们做人做事的目标就不会很清晰，就是盲目的。"②

齐美尔从形式社会学的角度精辟地阐述过信仰的作用："人们把信仰看作宗教的本质和核心。可是，信仰最初是作为人与人之间的一种关系而出现的，因为这里所说的是并不低于或逊于理论真理一筹的实践信仰。我如果说，我信仰上帝，那么，这就意味着，这种信仰与我坚信存在以太、月球能够住人、人的本质永远不变等完全是两回事。这不仅是说，上帝的存在虽然不可确证，但我依然深信不疑；同时也意味着我与上帝之间存在着某种内在联系，意味着我有一种献身上帝的情感，意味着我把上帝当作生活的准绳；无论是哪种情况，认识方式意义上的信仰都同实践冲动和感觉状态之间发生了独特的混合。对于社会化过程中的人，我们完全可以依此类推。……没有信念，社会将会是一盘散沙。比如说顺从，通常就是建立在信仰之上。"③ 在齐美尔看来，信仰是一种由知、情、意汇合而成的特殊状态，是个体之间的一种纯粹精神关系的形式，在宗教信仰中表现得十分纯粹、抽象。"孝顺儿女与其父母之间的关系、忠心耿耿的爱国者与其祖国之间的关系或满腔热情的大同主义者与人类之间的关系、产业工人与其成长过程中的阶级之间的关系或骄横的封建贵族与其等级之间的关系、下层人民与欺骗他们的统治者之间的关系、合格的士兵与其队伍之间的关系等等，所有这些关系虽然内容五花八门，但如果从心理学角度对其形式仔细加以考察，就会发现它们有着一种我们必须称之为宗教的共同基调。它们都包含着无私的奉献与执着的追求、屈从与反抗、感官的直接性与精神的抽象性等的某种独特混合，所有这些情绪不仅相互交替，也一直保持

---

① 净慧.生活禅钥（增订版）[M].北京：生活·读者·新知三联书店，2014：238.
② 净慧.生活禅钥（增订版）[M].北京：生活·读者·新知三联书店，2014：238-239.
③ 西美尔.宗教社会学[M].曹卫东，译.上海：上海人民出版社，2003：13-14.

整合。"①

列维-斯特劳斯称自己从未受宗教所困,但他对信仰的力量非常敬畏:"少年时代,我特别忍受不了宗教;今天,我研究过宗教史,还教授过这方面的课程——包括各路宗教,和十八九岁的时候相比,我更加敬畏宗教了。虽然我从未被宗教打动,但我越来越觉得,宇宙和人类在宇宙中的位置,远远超过人类可知的范围。有时我觉得,有宗教信仰的人远比钻牛角尖的理智主义者好相处,前者对神秘充满敬畏。在我看来,思想面对神秘永远是苍白的。科学不过是在有限的范围内不时提供些零碎的知识,能了解这些知识我们就应当知足了,更何况追随科学的进步最能激发人斗志、丰富人心智——作为无神论者追随科学;我们也不能忘记,科学进步会带来新的难题,探索的历程永无止境。"② 这段话与孔子的"敬鬼神而远之"的意思类似。

冯友兰认为,以理智为根据的信念、信仰对于人的有些行为的成功而言是必要条件。例如,"我们对于抗战必胜,建国必成,须有信念,而这种信念,即是抗战胜利及建国成功的一个必要底条件"③。信仰能产生巨大的社会力量,可以动员社会成员产生巨大的能量。千万人统一信仰,会形成统一行动的巨大力量。

就共产党人和中国共产党的发展而言,"崇高的信仰,坚定的信念,是中国共产党人的政治灵魂。政治信仰、政治方向是一个政党生存发展第一位的问题,事关一个政党的前途命运和事业兴衰成败,这是加强党的政治建设的逻辑起点。我们党是马克思主义指导的政党,我们所坚定的政治信仰,就是马克思主义;我们所坚守的政治方向,就是共产主义远大理想和中国特色社会主义共同理想、'两个一百年'奋斗目标,就是党的基本理论、基本路线、基本方略。新时代加强党的政治建设,必须始终坚定政治信仰,坚持马克思主义指导地位,坚持用习近平新时代中国特色社会主义思想武装全党、教育人民,夯实思想根基,牢记初心使命,坚定不移沿着正确政治方向前进"④。

---

① 西美尔.宗教社会学[M].曹卫东,译.上海:上海人民出版社,2003:95-96.
② 斯特劳斯,埃里蓬.亦近,亦远——列维-斯特劳斯谈话录[M].汪沉沉,译.深圳:海天出版社,2017:13.
③ 冯友兰.三松堂全集:第五卷[M].郑州:河南人民出版社,1986:361.
④ 王丹.坚定政治信仰 把准政治方向[N].中国纪检监察报,2019-03-14.

三、信仰社会学何为？

信仰与社会关系的研究属于信仰社会学的研究视域。"信仰是社会学的事实,而不是神学的事实,他唯一关注的是诸信仰彼此之间的关系和信仰与其他社会事实之间的关系。他的问题是科学的问题,而不是形而上学或本体论的问题。"[①] 信仰社会学是用社会学的理论与方法研究信仰问题的一门分支社会学。它既不肯定也不否定意识形态意义上的信念,坚持用价值中立的立场客观、科学地研究各种信仰。"信仰社会学所要研究的,就是不同信仰类型之间的关系、信仰与其他事实之间的关系。信仰社会学的主要观点,就是信仰的意义与类型是被建构起来的。"[②] 信仰社会学的主要任务就是从社会学的视角来研究信仰和社会的相互关系:一方面,探讨社会、文化和人的心理、行为对信仰的发生、发展及其结构的影响;另一方面,探讨信仰反作用于社会、文化和人的心理、行为。信仰关涉着其他社会事实,这种关联即信仰社会学的研究对象。信仰社会学所关注的主要问题是:什么人在什么情形下信仰什么?信仰通过什么方式成为文化环境的一部分并被用于解释人们的体验?持有特定信仰可能会产生什么样的后果?有些人天真地以为信仰宗教的人一定都是道德高尚的。"不信神的人有些可能是坏人,敢于为非作恶、做坏事,而信仰宗教的人可能有慈悲心、菩萨心,但也可能相反。……历史和现实都证明,道德水平高低无关有无宗教信仰。"[③] 当代社会非常需要信仰社会学研究。因为,"理性而深入地研究讨论当代中国信仰,对于中国社会形成价值共识,执政党合法性的建设与信仰转型,社会诚信的构成,中外文化观念的进一步汇通,中国社会文化建设与繁荣,均非常重要"[④]。

在信仰社会学研究领域,马克思是当之无愧的先驱。在《论犹太人问题》中,马克思指出:信奉犹太教的犹太人之所以受到政治上的限制,是由于政治制度。因此不能像青年黑格尔派的鲍威尔所说的:犹太人必须从自己的宗教中

---

① 埃文斯,普理查德.原始宗教理论[M].孙尚扬,译.北京:商务印书馆,2001:20.
② 李向平.两种信仰概念及其权力观[J].华东师范大学学报(哲学社会科学版),2013(2):24.
③ 陈先达.马克思主义信仰十讲[M].北京:人民出版社,2018:20-21.
④ 李向平.中国改革及其信仰转型[J].上海大学学报(社会科学版),2013(1):52.

解放出来，以放弃犹太教为政治解放的前提，公民要消灭他们的世俗桎梏必须首先克服宗教狭隘性。相反，马克思认为，犹太人只有消灭世俗桎梏才能克服宗教狭隘性。政治解放和宗教的关系问题已经转换成为政治解放和人类解放的关系问题。在《〈黑格尔法哲学批判〉导言》中，针对当时德国的现实，马克思指出：这是一个颠倒的社会、颠倒的国家，"宗教是那些还没有获得自己或是再度丧失了自己的人的自我意识和感觉。但人并不是抽象地栖息在世界以外的东西。人就是人的世界，就是国家，社会。国家、社会产生了宗教即颠倒了的世界观，因为它们本身就是颠倒了的世界。宗教是这个世界的总的理论，是它的包罗万象的纲领，它的通俗逻辑，它的唯灵论的荣誉问题，它的热情，它的道德上的核准，它的庄严补充，它借以安慰和辩护的普遍根据"①。此时，马克思的思想立场是费尔巴哈式的人本主义的。他认为，宗教是颠倒的世界借以安慰和辩护的普遍根据——既可以为剥削阶级的统治辩护，也可以为被压迫阶级辩护。马克思还指出："宗教里的苦难既是现实的苦难的表现，又是对这种现实的苦难的抗议。宗教是被压迫生灵的叹息，是无情世界的心境，正像它是无精神活力的制度的精神一样。宗教是人民的鸦片。"②"宗教是人民的鸦片"这一观点，在我国宗教学术界曾引起过广泛的争议，在社会层面也曾作为我国政府对待宗教态度的一种依据，产生过一些政治后果，至今有些人望文生义地解释这句话后还会产生一些不恰当的判断。实际上，联系马克思当时的思想发展阶段来看，他当时是一位费尔巴哈式的人本主义者，刚刚从青年黑格尔的主观唯心主义立场转变到唯物主义立场。关于宗教的上述功能的说法，"马克思立意的着重点并非是麻醉人民的鸦片，而是受鸦片麻醉的人民。……鸦片有二重性：麻醉毒品的一面和镇痛药品的一面，显然，马克思的重点在指其镇静、止痛、麻醉的药物的一面。把'宗教是人民的鸦片'作为马克思对宗教的社会作用的全部看法，看成马克思主义宗教观的精髓，进而把宗教说成'毒品'、把教徒说成'吸毒者'、把宗教职业人员说成是'毒品贩子'，显然是曲解和混淆视听，只能伤害信教群众的宗教感情，只会引起信教群众的不满和对立，只能使马克思主义政党脱离广大信教群众"②。《〈黑格尔法哲学批判〉导言》的

---

①② 马克思恩格斯选集：第1卷[M].北京：人民出版社，1972：1.
② 任杰.中国共产党的宗教政策[M].北京：人民出版社，2007：395-396.

主旨是抨击德国的政治制度。马克思认为，作为人的本质之异化的宗教，其根源在于现实世界是一个颠倒的世界。历史的任务是把对宗教、神学的批判变成对尘世的批判、对法的批判、对政治的批判。这个时期马克思的宗教批判是为政治斗争开辟道路，其矛头对准的是普鲁士王国。马克思这一时期的宗教观受费尔巴哈的深刻影响。他认为，反宗教的批判的根据是：人创造了宗教，而不是宗教创造了人。德国的解放是从宣布人本身是人的最高本质这个理论出发的解放。只有人性复归了，把人的世界和人的关系还给自己，宗教异化才不复存在。1845年写成的《关于费尔巴哈的提纲》《德意志意识形态》是马克思恩格斯创立历史唯物主义的"出生证"。在这两部论著中，马克思的宗教观建立在历史唯物主义的基础之上。马克思指出了费尔巴哈人本学唯物主义和一切旧唯物主义的局限性：只着眼于把宗教还原为它的世俗基础，却没有进一步去分析这世俗基础何以会异化出宗教来。马克思认为：人的宗教感情是社会的产物。宗教的自我异化只能用世俗基础的自我异化去说明，只有通过世俗世界的自我分裂和自我矛盾才能得到理解。因此，要克服宗教的自我异化，首先必须克服世俗世界的自我矛盾。而这种社会矛盾只有通过革命的实践才能得到解决。单纯的思想批判是不行的。实际上，宗教本身既无本质也无王国。在宗教中，人们把自己的经验世界变成一种只是在思想中的、想象中的本质，这个本质作为某种异物与人们对立着。这绝不是可以用其他概念来解释的，而是应该用生产和交往的方式来解释。如果真的想谈宗教的本质，实际上就是在谈这一虚构的"本质"的物质基础，那么，这个所谓宗教的"本质"既不应该在人的本质中也不应该在上帝的宾词中去寻找，只能到宗教的每个发展阶段的现成物质世界中去寻找。在此后的《共产党宣言》中，马克思更明确指出：宗教以及一切社会意识形态在形式上的改变和运动，无非是阶级对立的反映。私有制和阶级斗争的需要决定了它们的存在，随着私有制和阶级对立、阶级斗争的结束，宗教也将消亡。根据历史唯物主义的观点，"作为一种意识形态，宗教的社会功能和历史作用，最主要的是看其对社会历史的发展是起阻碍还是促进作用。如果是前者，它无疑是一种消极的意识形态；如果在特定的历史条件下，宗教有时也能作为一种历史发展的推动因素，那它也具有一定的积极意义。要弄清楚这一点，就不能不把宗教同一定的社会历史条件联系起来，而这正是历史唯物主义所注重和强调的。另外，作为一种社会力量，宗教在各个历史时期总是与一定的阶级相联系。因此，要正确评价宗教的社会历史作用，就必须从各个历史时期一定宗教所代表的阶级利益以及这种阶级利益是否反映社会的发展规律来考察"①。

与马克思主义社会学关于宗教的研究范式不同，韦伯把新教信仰和资本主义精神联系起来说明资本主义的发展动力。《新教伦理与资本主义精神》因此成为信仰社会学研究的著名文献，也体现了解释社会学的研究范式。"韦伯的全部宗教社会学主旨在于研究世界的几大宗教的教义的理性化程度和过程，他尤其关注的是基督教新教是怎样在漫长的发展过程中逐步减除巫术和迷信的成分而引发出一种普遍性的社会伦理，以及这种伦理又怎样影响了人们的经济行为，最终导致了现代资本主义在西欧的产生。他比较了犹太教、基督教、儒教、道教、印度教和佛教教规教义的差别与东西方民族不同文化背景的关系，分析了体现在不同宗教背景后的精神对人们生活态度的影响，认为正是这样的因素致使东西方民族走上不同的社会发展道路。"②韦伯讨论的焦点在于世界性诸宗教——知道如何将信徒大众吸引到自己周围的宗教，或者由宗教所决定的人生准则体系。他将宗教和社会阶层联系起来考察，认为："在社会上具有决定性影响的阶层所发生的变化，对于所有宗教来说通常都是至关重要的。但另一方面，一种宗教一旦定了型，也总会对那些非常异质的各阶层的生活行为产生相当深远的影响。"③在《新教伦理与资本主义精神》一书中，韦伯给自己规定的任务是：对欧洲资本主义产生以来的历史进程做概括性理解的解释，把自己的社会学理论和社会研究方法论用于历史研究。韦伯将社会行动看作社会学的研究对象。社会行动可以划分为四种理想类型：激情行动（情感行动）、传统行动、价值合理性行动、目标合理性行动。激情行动（情感行动）完全受感情、情绪的支配，不受理性支配，有自发性、非反思性。传统行动指不加思考、自然而然、按习惯而做的行动。价值理性行动即价值合理性行动指行动者根据自己的某种内在信仰而行动。信仰（道德义务、人性尊严、审美体验、政

---

① 赖永海.宗教学概论［M］.南京：南京大学出版社，2004：35.
② 杨善华，谢立中.西方社会学理论：上卷［M］.北京：北京大学出版社，2005：199.
③ 韦伯.马克斯·韦伯社会学文集［M］.阎克文，译.北京：人民出版社，2010：254.

治信仰等）在其中具有最高价值，其特点是：行动本身与行动的目的完全统一，完全排除了对行动附带后果的考虑。目标合理性行动指行动者对目标和实现目标的手段进行权衡和选择后采取的行动。行动者清楚地意识到并选定了目标；充分重视他人的预期反应，并把这种反应作为自己选择行动的条件；把自己采取的行动当作实现目标的一种手段，对各种手段的有效性进行权衡、比较、选择。社会行动的后果是某种社会形成物——形式合理性、实质合理性。价值行动的后果是实质合理性：计划经济、民主化、理想价值原则、公平、精神自由。目标行动的后果是形式合理性：科层制、市场经济、物质利益原则、效率、对财富的追求。合理性是韦伯解释社会学理论的核心概念。在韦伯看来，欧洲社会现代化的过程就是逐渐走向合理性的过程。资本主义的发展过程就是由价值理性和目标理性并重走向目标理性至上的过程。合理性指在社会行动和社会形成物中行动者所赋予的明确、理智、系统、一贯的主观意志（意向）。韦伯认为，欧洲社会有一种普遍的形式合理化趋势，目标合理性行动占上风，原有的价值行动被压制住了。在新教伦理中包含价值理性和目标理性这两种合理性。新教伦理包含两方面的内容：一是和每个人相关的终极价值，使人的行动有动力；二是对这种终极价值加上道德约束，使人心存敬畏和感恩，这样可以避免拜金主义。这和资本主义发展初期的资本主义精神是高度吻合的。资本主义就是追求利润的合理化行动，表现为：利用交易机会（市场）以和平的方式取得预期利润；在资本主义经济活动中会发展出一种与正规市场相联系且其内部组织方式是自由劳动组合的企业——经营活动与家庭分离（不同于庄园经济），组织中实行合理的经营簿记制；资本主义生产活动中最重要的技术因素具有可计算性，又称"数目字的管理"。资本主义精神有以下特征：个人把努力增加自己的资本并以此为目的的活动视为一种尽职尽责的行动，把赚钱本身看作一种目的，当作一种职业责任及美德、能力的表现。营利不是人生幸福的手段，而是人生的最终目的。劳动是一种绝对的自身目的，是一项天职。个人应该服从于他的天职。不论一个人所从事的职业到底是什么，他都对其有责任和义务。资本主义精神还体现为企业家精神，主要是创新的精神：不安于现状，具有确定不移且高度发展的伦理品质以及洞若观火的远见和行动的能力。"韦伯认为所谓资本主义'精神'最重要的是在强调透过一种诚实、有信用的方式去赚得财富，这不但不是罪恶，反而是一种美德。……是教导人如何透过仔细的、合理的计算去获取经济上的利益以达到成功。这种获得经济上成功的步骤，韦伯认为与宗教有莫大的关系"①。在《新教伦理与资本主义精神》中，韦伯关注的是资本主义社会中的经济人行动的动机，认为研究资本主义的社会行动，一定要理解作为社会行动主体的资本主义社会经济人的行动动机即资本主义精神。在这方面，新教伦理和资本主义精神是连理枝的关系。韦伯思考的问题是：宗教价值怎样促成了社会变迁？他提出，理性资本主义的兴起既要求有适宜的经济、制度背景，也要求有适宜的伦理、动机框架。尽管东方世界拥有适宜的制度基础和物质基础，能够促进大规模理性经济活动的发展，但它的宗教背景却不能推动一种转变世界的精神。在西方社会，新教的兴起倡导一种渗透伦理的理性行动，与现代资本主义精神之间有着实质性的亲和关系。新教确立了明确界定的价值观，参照上帝来领会尘世活动。它将这些价值观发展成为一套规范体系，对个人行为的方方面面都产生了后果，使一种奉献于艰辛劳作的规训生活成为必需。简言之，新教成为理性行动的重要中介，将个体行为疏导到理性化过程之中，并最终导致现代资本主义的发展。新教中包含了资本主义精神发展的因素，客观上推动了资本主义及整个西方文明的发展进程。但是，韦伯同时也发现：一旦资本主义取得了它在经济生活中的支配地位，宗教的力量就会让位于赤裸裸的利益冲动，天职责任的观念就像死去的宗教信仰一样，只是幽灵般地徘徊着。寻求上帝和天国的狂热开始逐渐转变为冷静的经济德行，宗教的根慢慢枯死，逐渐退出了资本主义经济生活。

在《宗教生活的基本形式》一书中，作为实证主义（经典社会学三大理论范式之一）的重要代表人物，涂尔干以他对社会学的概念界定和关于社会学方法的立场分析宗教。他指出：在人类早期的宗教活动中，神圣范畴通过某些符号和仪轨表现出来，它们始终外在于个体，表现出集体对于个体的力量。宗教可以在个人的内部发挥其对个人的控制作用，把集体意识内化于个人意识之中，使信徒感到对宗教规范的服从不是强迫性的，而是自觉自愿的。在早期宗教形式中，集体意识具有社会整合功能。宗教信仰和仪式一起构成了社会团结

---

① 顾忠华. 韦伯学说［M］. 桂林：广西师范大学出版社，2004：192.

的主要力量。涂尔干把研究的焦点放在集体现象的神圣性质上,以此强调宗教和社会之间的密切关联:一方面,宗教具有社会起源,社会是一种宗教性的现象——社会生活就是通过与神圣范畴之间的集体遭遇而构建的;另一方面,宗教的信仰和仪式又会强化集体生活所带来的社会关系。"涂尔干是功能主义的鼻祖之一,其研究目的就是要解释宗教的社会功能,进而证明宗教在持续稳定和变迁中及社会系统的广阔运行中所扮演的角色。涂尔干的一些重要主张奠定了宗教研究的功能主义观点:(1)宗教从根本上来说是社会事实,而非个人的事务;(2)对于宗教来说,仪式和庆典是其最为基本的特征,而不是信仰;(3)作为道德意识的来源和群体团结的支撑,宗教对社会的贡献在本质上是正面的"。① 涂尔干的宗教研究关注的是人的社会认同和同伴关系的恒久来源,他对宗教的真假并不关心,他研究宗教的目的是调查宗教对社会的实际、正面的影响。

马克思主义社会学的代表人物、中国共产党人恽代英1923年12月8日发表了《我们为什么反对基督教?》一文,驳斥了一些流行的观点,例如:基督教可以满足人们宗教天性的要求,基督教可以解答自然科学所不能解答的玄妙。他指出:"宗教的天性,只是对于人力所不及的地方,一种赞叹崇拜的感情,古人力所不及,如雷电之解说,疫疠之救治,今人已得以人力解决他。宗教因这种感情,倡为各种神灵以作解说,实在障碍人类进化。基督教以为神造世界所以囚辱哥白尼、格尼略,不愿意达尔文学说的流行,这便是显明的例证。自然科学所还不能解说的,宗教家武断为有神,这不能算是解说,这犹如古人不能解释雷电,因认为有雷公电母一样的事。"② 恽代英曾在武汉参加过基督教青年会的活动。基督教青年会以"在这一代实现世界基督教化"为口号,于19世纪后期至20世纪30年代推动了美国新教世界传教运动的先锋——学生志愿海外传教运动的开展。学生志愿海外传教运动的理论基础是社会福音。"这个新生的美国宗教包括美国是特殊种族、美国是救世主上帝选定来改变整

---

① JAMES D W, EVELYN E W.宗教社会学:宗教与中国[M].范丽珠,译.北京:时事出版社,2010:61.
② 恽代英.恽代英全集:第五卷[M].北京:人民出版社,2014:228.

个世界的救世国家的观念,将使命感融进了宗教信念。"① 社会福音观念体现了新教自由基督徒的一种新的努力:在一般民众中普及社会福音时,要淡化基督徒的社会角色,可以通过社会调查、办文化事业、办学校和医院等方式明修栈道,暗度陈仓。"从一开始,他们抱定决心要让世界福音化,相信皈依基督能够净化中国。"② 在那个历史时期,欧美海外扩张的路径有三:军事、商人和传教士。传教士的作用是社会管理——在教育、卫生、伦理思想等方面开展范围较广的活动。此前的传教是靠单派纯粹的牧师。后来,仅靠牧师已无法满足帝国主义文化扩张的需要。于是,美国基督教青年会就鼓励青年到海外去传播基督教,使当地人即使不一定接受基督教也会接受基督徒的生活方式。据中国社科院历史所民国史专家赵晓阳的研究,美国学生海外传教运动共派2524人来中国,占所派人员的三分之一。新教比天主教的扩张性更强,传教更积极,往外走的意识更强。美国学生海外传教运动派到中国来的不是牧师,而是受过高等教育的青年。他们根据自己的意愿选择到中国的某地,用有别于牧师的方式传教。在上述背景下,针对有些人认为基督教到中国倡办了许多教育事业、社会事业因此应该承认它从事的是有价值的活动的观点,恽代英深刻指出:基督教从事的教育事业、社会事业,主要是为了骗人做他们的教徒。"他们的教师,第一是要聘用教徒。他们的事业,第一是引学生礼拜祷告。他们承认其余都是无关紧要的事。他们的医院,亦每每只是个虚幌子。他们的医生,每仍然是虚应故事,不甚管病人的利益。他们只在夸耀他们办的事很多,以便博得无识者的赞美。其实他们办的事,亦至多只好比阎锡山的小学,张季直的地方事业,有名无实的骗人而已。"③ 有人会提出疑问:迷信、不彻底的宗教不只基督教,为什么要特别反对基督教呢?恽代英引用了他的朋友余家菊的观点并作了引申:教会教育是侵略的;基督教制造宗教阶级;教会教育妨害中国教育的统一。基督教徒"把生活仰给于外人的恩惠。多一个基督教徒,便是多一个洋

---

① 邢军.革命之火的洗礼——美国社会福音和中国基督教青年会1919—1937[M].赵晓阳,译.上海:上海古籍出版社,2006:18.
② 邢军.革命之火的洗礼——美国社会福音和中国基督教青年会1919—1937[M].赵晓阳,译.上海:上海古籍出版社,2006:42.
③ 恽代英.恽代英全集:第五卷[M].北京:人民出版社,2014:229.

奴。外国人正要用这种钓饵使中国人全然软化于他，所以我们非反对不可"①。

美国宗教社会学家罗德尼·斯塔克（Rodney Stark）在其专著《社会学家笔下的基督教史》中，从历史学和社会学的视角梳理了基督教史。他发现了除中国以外的"大型世界性宗教的成员人数。就全世界而言，共有22亿人口（41%）的宗教是基督教，远远超过穆斯林人口，后者共有14亿人（27%）。印度教是世界第三大宗教，有10亿成员（19%），而后是佛教，2.89亿人口（5%）。犹太教徒只有1200万（不到0.1%），而其他宗教共1.19亿（2%）。世俗主义者占2.4亿（5%）"②。

英国历史学家基思·托马斯所著《16和17世纪英格兰大众信仰研究》一书的前言中介绍说："本书试图彰显一些信仰体系的意义，这些信仰体系曾兴盛于16、17世纪的英格兰，但在今天它们已不再受人关注。占星术、妖术、巫术疗法、占卜术、古代预言、幽灵和妖仙，在今天毫无疑问都受到聪明人的轻视。它们在过去却受到当时聪明人的认真对待，历史学家要做的，就是解释何以如此。我力图展示它们在我们祖先生活中的重要性及其所拥有的实际功用。在这项工作中，我受惠于现代社会人类学家对广泛存在于非洲和其他地方的相似信仰的研究。"③作者把宗教与其他较少受人重视的信仰体系并列，对这两个方面多加澄清，从而对理解早期现代英格兰精神状况有所裨益，并从更广的意义上探讨这一精神状况与物质环境的关系。作者对信仰说明如下："本书所关注的信仰包含社会层面和精神层面的多重维度。然而，信仰的主要特征之一就是致力于对人类的不幸加以说明和缓解。无疑，这种关注正反映了极度不安全的环境的风险所在。这并不是说，因为这些风险使得信仰得以存在。相反，大多数信仰是从上一代人中继承下来的，因此信仰先于信仰盛行的社会而存在。尽管如此，它们也难免沾染了16世纪和17世纪某些特有的色彩"④。贫穷、疾病、无妄之灾是16、17世纪英格兰社会环境的显著特征。酗酒、吸烟、赌博等成为当时人们逃避现实生活的主要方式。穷人靠喝酒摆脱对生活的

---

① 恽代英.恽代英全集：第五卷[M].北京：人民出版社，2014：230.
② 斯塔克.社会学家笔下的基督教史[M].张希蓓，译.北京：中国社会科学出版社，2019：368-369.
③ 托马斯.16和17世纪英格兰大众信仰研究[M].芮传明，梅剑华，译.北京：译林出版社，2019：1.
④ 托马斯.16和17世纪英格兰大众信仰研究[M].芮传明，梅剑华，译.北京：译林出版社，2019：5.

厌恶。在这种背景下,"中产阶级改良者通过反对泛滥成灾的酒馆和酗酒行为,挑战了此类流行的消遣,展开了持续的风俗改良运动,并试图打破这些不良习气。他们讨伐的正是那些沉溺于哀伤且别无选择者的悲观宿命论。他们认为人们应该转向那些解释不幸,并设法缓解不幸之痛苦的信仰"①。商人、店主和有抱负的手艺人一般把对天命的信仰和积极的自助行为结合起来。但是,从这个阶级往下追溯,问题就不同了。"自助论对富庶者来说是个令人满意的学说,而对占人口比例绝大多数的底层社会成员而言几乎没有任何吸引力,这部分人群没有任何达到温饱线的希望。"②这些社会底层怀疑神圣天命,转投能赋予解脱更直接愿景的非宗教的思维方式。例如,占星术拥有众多追随者,广泛地分布在全体人民中:"至少到 17 世纪后期,英格兰人是非常认真地看待占星师的。他们的历书和预言一出版就被抢购一空,而他们的咨询室则门庭若市。"③巫术亦然:"当人们烦恼、患病和失财时,不是去求上帝,而是去找巫师。"④在 17 世纪的英格兰,人们相信只要把屋子打扫得干净整洁,就不会受到妖仙的骚扰。这种观念有助于强制推行一定的社会准则——注意个人卫生和私德、照顾好婴儿等,而社会机器正是依赖这些准则才有效运转的。作者提出了和马林诺夫斯基相反的结论。马林诺夫斯基认为,巫术给技术让路——巫术是随着自然科学、社会科学以及形形色色技术手段的发展而衰落下去的。基思·托马斯的研究则发现:"矛盾之处在于,巫术在英格兰丧失吸引力是在适当的技术解决办法被发明出来取代它之前,是巫术的废弃才使技术高涨成为可能,而不是相反。……有秩序的宗教信仰乃是此后自然科学家的工作赖以为基础的必要前提。这是使得技术胜利成为可能的有利的精神环境。"⑤作者的结论是:"我们可以肯定的是,本书中所讨论的各种巫术信仰今天不是业已消失就是声望一落千

---

① 托马斯.16 和 17 世纪英格兰大众信仰研究[M].芮传明,梅剑华,译.北京:译林出版社,2019:19.
② 托马斯.16 和 17 世纪英格兰大众信仰研究[M].芮传明,梅剑华,译.北京:译林出版社,2019:132.
③ 托马斯.16 和 17 世纪英格兰大众信仰研究[M].芮传明,梅剑华,译.北京:译林出版社,2019:404.
④ 托马斯.16 和 17 世纪英格兰大众信仰研究[M].芮传明,梅剑华,译.北京:译林出版社,2019:342.
⑤ 托马斯.16 和 17 世纪英格兰大众信仰研究[M].芮传明,梅剑华,译.北京:译林出版社,2019:852,853.

丈了，这就是我们能够将他们分离出来进行分析的原因。但是这并不意味着它们天生比我们今天继续持有的信仰更不值得尊重。如果我们给巫术下的定义是：巫术是人们在缺乏有效的焦虑缓解技术的情况下所使用的无效缓解技术，那么我们必须承认，没有一个社会可以少得了它。"①

邢军研究了美国社会福音和中国基督教青年会对中国现代社会的作用。认为"从第一任总干事来会理（D. W. Lyon）1885 年来中国直到 1949 年，青年会一直是中国社会改革的推动力。它对中国政治和社会发展方面产生的影响，在世界上任何其他国家和地区找不到同样的例子"②。基督教青年会发源于英国，但蓬勃发展于美国。其目的是为了"提高青年人精神、道德、社会和体魄"③。其思想基础是社会福音。

日本学者渡边义浩撰写的专著《关羽——神化的〈三国志〉英雄》详细阐述了关羽神格化的过程：最初出现在《三国志》中的关羽，不过是蜀汉建立者刘备麾下的一员武将，但在后来，逐渐被神化成关帝。"据说，清代（1644—1911 年）祭祀关圣帝君的关帝庙共有 4 万多座。"④ 关帝信仰的特点是：关羽虽然为武将，但却作为财神（商业之神）被人们供奉。"而且，正如横滨的关帝庙是仰仗众多华人的捐赠而修建的，关帝庙成为华人关系网的核心。活跃于世界各地的华人的强大关系网以'义'和'信'为根本，而最能体现'义'和'信'的正是坐落于世界各地唐人街的关帝庙。"⑤

另一位日本学者志贺市子研究了《粤东海陆丰地区的义冢信仰及其演变》。义冢即祭祀无主尸骨的坟墓。在海陆丰地区，义冢被看作灵验的神明，是当地老百姓的崇拜对象。作者关注的问题是：义冢信仰具有怎样的形态？义冢信仰在地域史的过程中是怎样演变的？尤其关注的是义冢的祭祀形态、意义发生了什么变化以及为什么发生这种变化。作者的研究方法是"尽量采访更多的被称

---

① 托马斯.16 和 17 世纪英格兰大众信仰研究［M］.芮传明，梅剑华，译.北京：译林出版社，2019：862-863.
② 邢军.革命之火的洗礼——美国社会福音和中国基督教青年会（1919—1937）［M］.赵晓阳，译.上海：上海古籍出版社，2006：5.
③ 邢军.革命之火的洗礼——美国社会福音和中国基督教青年会（1919—1937）［M］.赵晓阳，译.上海：上海古籍出版社，2006：14.
④ 渡边义浩.关羽——神化的《三国志》英雄［M］.李晓倩，译.北京：北京联合出版公司，2017：1.
⑤ 渡边义浩.关羽——神化的《三国志》英雄［M］.李晓倩，译.北京：北京联合出版公司，2017：5.

为'圣人公妈'或'百姓公妈'的坟墓、义冢，收集墓碑、碑记、传说，从而整理出其修建及重修的年代、修建的原因、修建的单位等基本资料"①。该研究发现，海陆丰地区的义冢信仰现状及其演变过程"受到了推广儒家的祖先观念的善堂和制度宗教知识的普及、国家的宗教政策和殡葬改革、天灾、战争引起的大量死亡等原因的影响而变化。各地的圣人公妈祭祀活动虽然现在仍然进行，但奇迹的显现减少，圣人公妈作为监管孤魂野鬼的鬼王的角色，被宋大峰、地藏菩萨等高位神格取而代之。尽管如此，无主骨骸坟墓会显出神圣力量的信仰"②。

当代中国某些社会学学者对民间信仰和某些地域的宗教信仰做了社会学分析。例如，宣朝庆对中国的关公信仰做了社会学研究。关公信仰是中国民间信仰的重要组成部分。清代以来，崇拜关公（关帝）的表现形式是遍布各地城镇乡村的关帝庙。新中国成立后，特别是"文革"期间，"破四旧"、"立四新"，关帝庙和其他宗教场所都被取缔了。改革开放以来，关公信仰得以恢复，关公作为武财神或商业保护神，成为商界信奉的主要财神。这一研究发现："当代关公信仰的转型与繁荣，是商界人士规避市场风险、维护商业信誉的理性选择。""商厦中的关公信仰对商界人士具有多重意义，它既可以净化人的灵魂，树立自我形象，也可以为商海弄潮者提供精神安慰，还能够帮助商家塑造诚信形象，带来实际的经济利益。同时，关公信仰所蕴含的经济伦理价值对市场经济建设具有重要的意义，深入剖析关公信仰在当代的发展演进，有助于人们从传统文化中发掘出一套与市场经济相适应的市场经济伦理。"③再如，陈彬从社会学的视角对民间信仰进行了系统研究，指出：大多数宗教学、民俗学、人类学等学科对民间信仰的研究一般是就信仰谈信仰，而社会学视角的着眼点则并不完全在民间信仰本身，而在于宗教与社会的相互关联问题。例如在湖南某县有戴公庙七个，另一个县盛行一种"观仙"信仰。"那么这些民间

---

① 志贺市子.粤东海陆丰地区的义冢信仰及其演变［M］//金泽，陈进国.宗教人类学（第二辑）.北京：社会科学文献出版社，2010：189.
② 志贺市子.粤东海陆丰地区的义冢信仰及其演变［M］//金泽，陈进国.宗教人类学（第二辑）.北京：社会科学文献出版社，2010：207.
③ 宣朝庆.关公信仰与商人精神——一种基于宗教社会学的分析［J］.天津社会科学，2006（3）：137.

信仰现象到底是如何恢复或产生的？它们的恢复或产生与当地的经济发展、宗教政策、信仰传统、社会制度存在何种关联？是否存在一定的因果关系？并且，这些民间信仰对当地的民众生活、社会秩序、经济发展和社区政治存在什么样的影响？存在哪些正功能？哪些负功能？这些都是值得深入研究和分析的内容。"①徐东明立足于宗教社会学视域，对西藏宗教信仰活动的本质属性、社会属性和社会功能做了分析，并提出建议："西藏宗教活动，要改造和革新信仰观念和宗教仪式，加强对外交流和交往，吸收国内外先进文化成果，促进自身不断变革和发展，为实现西藏社会经济文化全面发展和社会长治久安做出积极贡献"②。郑国以史料钩沉和史实分析为研究路径，对民国初年（1912—1928年）相信灵异存在、研究神秘现象的灵学及其相应的社会组织——上海灵学会（1917年10月3日成立）做了专门研究，分析灵学的传入、内容、组织、传播等，展现灵学思潮背后的思想变动与问题意识。作者指出：通过对灵学态度变迁的考察，可以认为："科学的边界从模糊到清晰，非科学、伪科学在长时期的讨论中被剥离，反映了科学在近代中国的传播走过了曲折、复杂的历程。"③

刘志军所著《乡村都市化与宗教信仰变迁》（社会科学文献出版社2007年版）一书采用了田野调查法与文献研究方法，以一个中原乡镇为个案，关注了以基督教为代表的各类宗教在乡村都市化这一社会进程中的兴衰浮沉及其带给人们的启示，系统地考察了乡村都市化与宗教信仰变迁的内在关联。

李华伟以李村宗族、庙会与乡村基督教的互动为例，研究了乡村公共空间的变迁与民众生活秩序的建构问题：李村传统的公共空间主要由宗族和民间信仰形塑。改革开放以后，随着基督教的发展，基督教形塑公共空间的力量与日俱增，导致李村的公共空间、社会结构发生了变化。在基督教的刺激下，李村民众无形中分为两个群体——"咱们这一教"与基督教。这两个群体根据各自的意义系统，形成了各自的身份认同。例如，有个老年基督徒早在"文革"期间就信仰基督教，改革开放后，宗教信仰政策的落实使她重拾基督教信仰。她

---

① 陈彬.民间信仰的社会学研究论纲［J］.浙江社会科学，2011（3）：79.
② 徐东明.西藏宗教信仰活动的社会学分析［J］.西藏发展论坛，2016（5）：67.
③ 郑国.变动社会下的信仰分化——上海灵学会研究［M］.北京：中国社会科学出版社，2017：194.

说:"那时候,我还是孩子家,刚结婚。在娘家时候,敬神都是大人敬的,我也不懂。我结婚那一阵,毛主席说'破四旧',不让搞迷信。有一年,我那大儿子刚一岁,得病了,咋看都没好。后来,有人说村里有一老婆婆,很灵,我就抱着孩子去了。去了,那老婆婆说,回去把家里的神像都扔了再来,咱俩一起向神祷告。我就回家把神像撕了,把香炉扔了。后来孩子好了,我就一直信。"① 教会传道人成为地方精英之一,影响着社区公共空间的走向。尽管基督教以信仰为纽带形成的社会救助网络和社交网络可作为公共空间的替代,但并不能因此就认为其中存在风险。李华伟认为,我们应该深入基督教内部寻求意义与解释,与此同时,继续探索重建农民的生存空间、建构农村公共生活空间这一任重道远的问题。在《乡村基督徒与儒家伦理——豫西李村教会个案研究》(社会科学文献出版社 2013 年版)这部著作中,李华伟从市场经济的大视野考察小乡村的基督教,从社会现代转型的高度研究基层民间基督教的演变及基督教对农村民众生活中儒教伦理的影响。按照"己/自我—五伦—五伦之外"的顺序,通过李村教会的典型事例,深刻揭示了基督教在落后农村发展的社会根源——社会结构性的变动和失衡:农村社会中宗族的弱化形成了道德失范的局面,乡村基督教则充当了激活儒家伦理的工具。乡村基督徒还培养出了新的公共参与伦理,建立了五伦之外的新型人际关系,创造性地发掘并践行改造过的儒家伦理,这在某种意义上是中国文化创造性自我转化的一种尝试。

李向平区分了私人信仰和公民信仰概念,认为"中国信仰层面的社会文化建构,其实就是公民信仰的成型。一个强大的国家不仅仅需要发达的经济,同时也需要有信仰的公民与公共的信仰。这是国民经济与社会文化健康发展的基础"②。对当代中国人而言,信仰也许不是问题,关键的问题是"如何信仰:如何实践自己的信仰,认同公共的信仰"③。

章立明等以南传佛教文化区为例,围绕民族地区宗教信仰与社会秩序这一主题做了民族志研究。作者指出:"在现代社会中,宗教信仰并不是提供社会

---

① 李华伟.乡村公共空间的变迁与民众生活秩序的建构——以李村宗族、庙会与乡村基督教的互动为例[J].民俗研究,2008(4):78.
② 李向平.中国改革及其信仰转型[J].上海大学学报(社会科学版),2013(1):65.
③ 李向平.中国改革及其信仰转型[J].上海大学学报(社会科学版),2013(1):65.

整合的唯一资源。然而，南传佛教文化区中全民信仰的宗教本身就是当地一种极为宝贵的思想资源，它是诸多民族共同体一致认可的道德规范和行为准则，已成为调节当地信众社会关系的基本准则。"① 该项研究对南传佛教文化区内宗教信仰与社会秩序之间相互依存、相互制约的关系做了细致剖析，同时也发现了南传佛教和原始宗教信仰作为有神论信仰在经济、政治、文化等方面所具有的潜在、隐性的风险。

罗杨基于福建安溪清水岩的田野调查，考察了清水祖师迎春绕境仪式，分析了清水岩所在的蓬莱山上和山下平原的社会关系："清水祖师巡境仪式，使不同的历史结构在同一个社区得以包容性地呈现。"②

综上所述，既有文献多立足于宗教信仰来做信仰社会学研究。本书则突破了这个界限，从宗教信仰和非宗教信仰的分类这个前提出发，对信仰与社会的关系进行社会学探索。这是本书的一个创新点。另外，既有研究多侧重于宏观、抽象的理论探索，"对具体而微的现实案例进行调查分析尚有所不足。在与时俱进的当代社会，变迁时刻都在进行。因此，对时代信仰的研究需要打通古今中外，渗透宏观微观等领域，并开创一种新的信仰社会学研究范式"③。本书也拟在这方面有所贡献。

---

① 章立明，等.民族地区宗教信仰与社会秩序的民族志研究——以南传佛教文化区为例［M］.北京：人民出版社，2016：4.
② 罗杨.山上与山下：从清水祖师巡境仪式看社会的构成［J］.社会，2019（4）：57.
③ 吴华.信仰研究的四重逻辑与一种范式［J］.宗教学研究，2019（2）：279.

第二章 中国传统社会的信仰结构及其对社会的影响

○ 冯 波

"从共时态的角度来看，不同的国家、民族和地区的人们，其信仰各不相同。从历时态的角度来看，同一个国家、民族和地区的人们在不同的社会历史时期也有不同的信仰。"[①] 中国传统信仰与当代中国信仰不同。中国传统信仰的对象内容丰富：既有非宗教信仰，又有宗教信仰。

影响中国传统社会信仰建构的因素很多。"在中国人的信仰实践与信仰认同过程中，参与建构的往往有权力、哲学、意识形态、道德伦理、身份利益等诸多因素，从而潜在地分离出不同层面的信仰及其认同方式。为此，中国人的信仰构成，还表现在中国信仰的多重结构：官方信仰、学者信仰、宗教信仰、民间信仰、家族信仰等等。这多重信仰关系，彼此贯通而又相对独立，甚至出现上下冲突，前后脱节，很难用一个简单的判断来概括中国人的信仰特征。"[②] 以官方信仰为例，"中国古代的祭祀对象，祖先祭祀与天帝信奉相伴相随，纠结在一起，随着地上王国的组织形式日趋完备，上帝的轮廓、形象如影随形，也日趋完整。祭祖先，敬天神，二者紧密纠结胶固，凝为一体，构成中华民族传统信仰的核心，可以归纳为'敬天、法祖'"[③]。国家祭祀是典型的官方信仰仪式。两汉之际，国家祭祀实现了儒家化的礼制改革。此后，传统中国社会国家祭祀的主要祭祀种类基本定型，也意味着官方信仰对象、结构的基本

---
① 石云霞. 当代中国价值观论纲 [M]. 武汉：武汉大学出版社，1996：219.
② 李向平. 中国改革及其信仰转型 [J]. 江海学刊，2013（5）：91.
③ 任继愈. 序 [M]. 李申. 中国儒教史（上卷）. 南京：江苏人民出版社，2018：1.

确立——大体可分为天神、人鬼、地祇三大系统。"郊天祀地是历朝最重要的祭礼，是君王们借以神化其人间的尊贵身份，展现其统治的神圣性、正统性及合法性的重要手段。历代帝王的祖先祭祀亦属于国家祭祀，主要表现为宗庙祭祀、陵寝祭祀和祭祀天地时的配享。此外，历代王朝一般还以祭祖礼祭祀先代帝王，以表明政权的正统传承关系，增强人们的合法性认同。祭先师礼源于先人们对掌握生活知识之人的依赖。在古代中国'国家祭祀'体系中祭先师礼具有重要的地位，为历代帝王所重视，其具体表现形式为释奠礼和祭孔礼。"① 释奠礼中的释、奠都有陈设、呈献的意思，指在祭祀典礼中，陈设音乐、舞蹈，呈献牲、酒等祭品，以对先师表达崇敬之意。"由于孔子生前非常注重教育，在教育事业上的影响深远，所以释奠的对象后来逐渐以孔子为主。到了隋朝，孔子被尊称为'先师'以后，释奠便成为祭孔典礼的专属名称了。"② 在中国传统社会，政令、法律、军队等国家机器是维护统治秩序的主要手段，"但是宗教信仰和礼仪也发挥重要作用。借助宗教观念和宗教礼仪，把整个社会秩序提高到神圣状态，借以实施社会管理，这种神圣的束缚比纯粹血缘束缚和现代意义上的家庭束缚更强烈。所以历代剥削阶级都把统治秩序神圣化，并制定各种宗教礼仪来维护这种秩序"③。"统治阶层始终把国家祭祀容纳在统治机制当中，而且是其中的主要一部分。因此，古代'国家祭祀'不仅在价值层面建构君主专制统治的合法性颇有效用，而且在政治实践层面对于展现皇帝专制权力和维持权力秩序亦表现出极强的工具性。"④ 通过国家祭祀活动，中国传统社会的国家政权实现了对社会各阶层的严密控制，"中国古代君主专制的统治制度获得了信仰层面的强力支撑，使得古代中国的权力秩序能够维持稳定的延续。如果离开国家祭祀活动来考察中国传统政治，很难得出客观全面的结论"⑤。在中国

---

① 廖小东.政治仪式与权力秩序——古代中国"国家祭祀"的政治分析[M].北京：中国社会科学出版社，2014：104.
② 廖小东.政治仪式与权力秩序——古代中国"国家祭祀"的政治分析[M].北京：中国社会科学出版社，2014：93.
③ 陈荣富.宗教礼仪与文化[M].北京：新华出版社，1992：40.
④ 廖小东.政治仪式与权力秩序——古代中国"国家祭祀"的政治分析[M].北京：中国社会科学出版社，2014：195.
⑤ 廖小东.政治仪式与权力秩序——古代中国"国家祭祀"的政治分析[M].北京：中国社会科学出版社，2014：195.

君主专制社会晚期，随着经济、文化、社会各方面的变迁，以"天命"信仰为核心的传统政治文化面临危机，国家祭祀也日趋式微，逐渐失去社会统摄力和政治整合功能。另外，从儒学是中国传统社会主文化的角度看，"在儒学传统中，不存在可以与国家政治生活相分离的道德教化，至于宗教，只有当它被认为有助于王化或至少无伤于王化时，它才能获得存在的可能性"①。

中国传统社会有没有自己的宗教信仰？学术界曾经对此有过争论。但现在在宗教社会学界基本形成了共识：一方面，中国人没有西方意义上的"宗教"——不相信上帝、天堂，也没有灵魂得救的焦虑。在历史上，中国没有专门的神职人员，也没有教会与国家之间长期无休止的斗争。另一方面，观察民众的日常生活会发现，各种关于神灵鬼怪的信仰都存在，庙宇遍布全国，每个庙宇都有带有巫术和神秘色彩的仪式。杨庆堃在《中国社会中的宗教——宗教的现代功能与其历史因素之研究》一书中将宗教分为两种类型：制度性宗教（Institutional Religion）和分散性宗教（又译泛化宗教、弥散性宗教，Diffused Religion），为中国的宗教研究提供了强有力的概念工具。制度性宗教有自己的神学、仪式和组织体系，独立于其他世俗社会组织之外，有其基本的观念和结构。分散性的宗教之神学、仪式、组织与世俗制度、社会秩序其他方面的观念和结构密切地联系在一起，没有自己完整的组织管理系统，也没有自己的教义，与世俗生活没有明显区别。②在中国传统社会，虽然形式上有组织的宗教不够强大，但这并不意味着宗教功能或宗教结构体系的缺乏。"与中国传统社会的纵向与横向关系结构相一致，从形式上看，此时中国人的信仰方式既有整合家族的祖先信仰、整合地区关系的社区神灵信仰、整合社会的儒家伦理体系信仰，也有基于阶层的差异及满足个体需要的具有高度私密性的信仰。从实质来看，围绕着儒家思想和王权构建起传统中国社会的信仰秩序，并维系着传统社会结构的再生产。"③

---

① 孙尚扬. 基督教与明末儒学 [M]. 北京：东方出版社，1994：230.
② 范丽珠，JAMES D W，EVELYN E W. 宗教社会学：宗教与中国 [M]. 北京：时事出版社，2010：72.
③ 李峰. 作为社会关系投射的宗教信仰方式：从先入为主到扎根社会 [M] // 金泽，李华伟. 宗教社会学（第六辑）. 北京：社会科学文献出版社，2020：49.

一、非宗教信仰——儒家的道德信仰及其对社会的影响

儒家学说以仁为中心，强调人与动物的根本区别在于人有仁、义、礼、智、信的道德属性，仁者爱人，做人做事要以仁为本，仁礼一体，仁内礼外。孔子是儒学的创始人。董仲舒用人副天数的理论对儒学进行了改造，汉代，独尊儒术。宋明理学对儒学进行了第二次改造，将四书被列为儒家经典，成为科举取士的必考内容。程朱理学成为封建社会后期占统治地位的意识形态，存理去欲等主张成为时人的信仰。如薛瑄所说："先儒曰：'在物为理，处物为义。'如君之仁，臣之敬，父之慈，子之孝之类，皆在物之理也；于此处之，各得其宜，乃处物之义也。"①

韦伯研究中国宗教时，直接将儒家学说称为儒教。但他又解释说，中国的语言里没有特别指"宗教"的词，有的只是"教"和"礼"。他认为儒教在本质上就是一种世俗伦理。"儒教的中国官方称呼即为'士人之学说'（或译儒家学说）。……一般而言，正统的儒教中国人（而不是佛教徒），是为了他在此岸的命运——为了长寿、子嗣与财富，以及在很小的程度上为了祖先的幸福——而祭祀，全然不是为了他在'彼岸'的命运"②。虽然儒家学说是否是一种宗教——儒教，至今仍是学术界有争议的问题，但是，无论是不是一种宗教，它对儒家理想人格的践行、价值观的追求都可以在信仰的意义上做研究。

"信仰在古人那里称为道。目光短浅急功近利的人无论多么精明，做人做事都难免精于术而乏于道。精于术足显精明，乏于道则难见英明。为人处世虽然不可能像灯塔那样一直英明，但如果大海航行连灯塔都不认识，划得再快、行得再远都是漂泊；如果人生在世没有适度的信仰，功名再大、利禄再厚终归难掩空虚。"③ 例如，颜回是孔子的著名弟子之一，他以对道的追求为自己的毕生信仰，即使穷困潦倒也矢志不移，"箪食瓢饮不改其乐，财帛米粮不动其心，知足而无欲，无欲而益刚"④，成为安贫乐道的儒家理想人格的典范。在

---

① 薛瑄.读书录（上）[M].倪超，注译.北京：团结出版社，2019：12.
② 韦伯.儒教与道教[M].洪天富，译.南京：江苏人民出版社，1997：169，170.
③ 姚志斌.致中和：修身 齐家 思危 居安[M].长春：吉林出版集团股份有限公司，2019：271.
④ 潘帅.治家勉学存孝义——颜之推与颜氏家风[M].郑州：大象出版社，2016：20.

其身后,"颜氏家族以自己为孔门高足、复圣颜回之后,世代以儒学传家。每名颜氏子弟从幼时开蒙起,就在家长的督促和指导下开始学习儒家经典、礼乐史籍"①。对儒家信仰而言,圣人理想人格同时也是信仰目标。姚志斌把中国哲学史划分为经典儒学——大道理的时代和实用儒学——大信仰的时代。经典儒学指先秦诸子哲学(子学时代),实用儒学涵盖了两汉经学、魏晋玄学、隋唐佛学、宋明理学、清代朴学几个阶段。在实用儒学所经历的漫长历史时期,"儒学从孔孟的理想到落地生根,变成经世致用的学问,真正开始对现实中从统治者到各阶层人民工作、生活的方方面面进行全面指导,并受到全社会普遍认可、接受乃至信奉,同时,其他主要的宗教信仰也在世界各地相继发展、壮大"②。沟口雄三认为:宋代以后,"道"(被称为"理"或"天理")始终是一个重要问题,就如同"神"在欧洲的基督教世界里是一个永远的问题一样。"中世纪基督教世界的'神'与教会权力相结合,主宰着社会的秩序形态,同样,'道'在中国作为社会的秩序观念——包括'什么是人'的有关人的本质的追问——规定着人们的行为。"③道的这种作用和宋明理学对天理作用的阐发是分不开的。

"中国传统社会以农业经济为基石,且自秦之始就形成了大一统之传统。虽就中国传统社会之特征有着不同的理论概括,但对儒家思想是中国社会乃至个体行动的正当性基石之判断却鲜有争议。儒家思想以家庭伦理为核心,并'推'出社会伦理和国家政治哲学,通过'礼'、三纲五常规定着社会中人与人的关系,构成一个父子伦理扩大版的社会,因此,中国传统社会表现出家国同构、伦理本位等特征。"④儒家思想因此也是中国传统社会的主流信仰。

从微观层面谈儒家学说在中国传统社会的社会作用,首先应该明确的前提是:不同身份的人的信仰是有差异的,因此,信仰在个体身上的作用也是有差异的。"中国士人一向具有强烈的自我实现意识,这种意识的突出表现就

---

① 潘帅.治家勉学存孝义——颜之推与颜氏家风[M].郑州:大象出版社,2016:76.
② 姚志斌.致中和:修身 齐家 思危 居安[M].长春:吉林出版集团股份有限公司,2019:18-19.
③ 沟口雄三.李卓吾•两种阳明学[M].孙军悦,李晓东,译.北京:生活•读书•新知三联书店,2014:66.
④ 李峰.作为社会关系投射的宗教信仰方式:从先入为主到扎根社会[M].金泽,李华伟.宗教社会学(第六辑).北京:社会科学文献出版社,2020:46.

是对于'名'的追求。"①立德、立言、立功为士人追求的"三不朽"。"扬名天下""名垂青史""人生自古谁无死,留取丹心照汗青",都是对"名"的信仰的表现形式。"对名的追求,从人生哲学的本质意义上说,源于生命的自觉意识。正因为意识到躯体生命的渺小和短促,才会想到借助声名来延展自己在后人心目中的精神生命。人生短促的事实及其无可如何的悲感,古人很早就意识到了。然而从这一事实前提出发,可以引发出及时行乐享受一生的小结果,也可以推衍出及时进取建功扬名的大判断。这两种不同的价值取向,就是两种截然对立的人生观。"②为什么说作为一种价值追求的"名"是一种信仰呢?因为,"名,既是理想高地的一面赤帜,也是激发古代文人自我完善的动力。为了名,他们可以放弃一切荣华富贵,可以忍受极度的痛苦,甚至不惜献出自己的生命"③。在这里,"名"发挥的就是信仰的作用。求名而漠视生死的行动用韦伯的概念解释即价值理性行动。而在普通百姓那里,信仰的形态则是另一个景观。"中国宗教,无论是佛教还是道教,实际上都有两种不同的信仰世界,一个是人数很少的、高文化水准的人的信仰,这些信仰是由书本传播,以道理、学说为基础的,一个是人数很多的普通人的信仰,这个信仰是以能不能灵验、有没有实际用处为基础的;前一种是自觉的信仰、有理解的信仰,后一种常常是自然的信仰,不需要理解的信仰。后一个信仰世界,从古到今的延续性很强。"④李峰认为:"只有在家国同构的权力关系与日常实践的关系主义的社会结构中,我们才能更好地理解中国传统社会的宗教信仰及其方式。……在儒家伦理中,由于不同的社会阶层扮演着不同的社会角色,故信仰方式也表现出一定的阶层分化特征。……在信仰方面,由于儒家的伦理观与宇宙观相连,因此,皇族垄断天命信仰,而统治上层关注的是维护权力统治的信仰之教化,士人阶层侧重哲学式的圣人信仰之齐家修身,普通民众信奉的是神人互惠的信仰之灵验。"⑤

---

① 张仲谋.兼济与独善[M].北京:东方出版社,1998:16.
② 张仲谋.兼济与独善[M].北京:东方出版社,1998:19.
③ 张仲谋.兼济与独善[M].北京:东方出版社,1998:24.
④ 葛兆光.古代中国文化讲义[M].上海:复旦大学出版社,2015:168.
⑤ 李峰.作为社会关系投射的宗教信仰方式:从先入为主到扎根社会[M].金泽,李华伟.宗教社会学(第六辑).北京:社会科学文献出版社,2020:47.

时代思想家兼名臣王阳明的圣贤追求、良知信仰是儒家信仰的一个典型案例。王阳明十岁前在浙江余姚生活，十岁时随祖父到了北京，那时他的父亲王华已高中状元、在翰林院任编修一年了。少年王阳明立志成圣贤，埋下了良知信仰的种子。"有一次，王阳明问私塾老师：'何为第一等事？'塾师回答：'惟读书登第耳。'王阳明怀疑说：'登第恐未为第一等事，或读书学圣贤耳。'"① 隋朝创立科举制度以后，读书登第、加官晋爵即为求仕而习儒这一功利目的左右了众多儒生的选择，凸显了体制机制安排对士子读书目标的引导作用。"到了宋代，出现了一些儒生，例如程明道（程颢）等人，他们从过去的弊端中解脱出来，强调做学问不是为了科举考试，而是为了成为圣人。其实，这才是'孔孟之道'的根本，是最崇高的精神。王阳明当时虽然年少，却一语道出了圣学的真谛。"② "大清相国"陈廷敬和王阳明也持相同的观点，认为："读书立品为二事，读圣贤书当实存诸心而见之行事。"③ 王阳明的一生充满了神异色彩。关于其成学经历，有"五溺"之说：初溺于任侠之习，再溺于骑射之习，三溺于文章之习，四溺于神仙之习，五溺于佛氏之习。王阳明二十多岁时随父把家迁到了绍兴山阴，在绍兴城区修建了简单的状元府第。28 岁时，王阳明举进士第。三十岁时，因劳累过度，王阳明患病，向朝廷上书，祈求归乡养病，获准。他于是离开京城回绍兴居住，在会稽山阳明洞天的茅草房里修炼、养病一年多。因此世人称其为"阳明先生"。在此期间，他曾有前知之异。但他随后认识到：这是在玩弄光影，徒然耗费自己的精神。后来，王阳明到杭州西湖继续休养近一年。养病期间，他对道家、佛教思想进行了深入研究，"感到佛、道都不是光明大道，只有圣贤之道才是金光大道，毅然弃佛、道而专心圣贤之学，再次走上仕途，在兵部任武选司主事"④。自此，王阳明笃信儒学，矢志不移。王阳明重归仕途后，正值宦官刘瑾专权。34 岁时，王阳明因直谏刘瑾获罪，受廷杖三十，被贬到贵州龙场驿三年。在这三年中，王阳明"居夷处困""龙场顿悟"，发现程朱理学的"格物致知"应该作格心、致良知之解。

---

① 李永鑫.王阳明在浙江[M].杭州：浙江古籍出版社，2019：12.
② 李永鑫.王阳明在浙江[M].杭州：浙江古籍出版社，2019：13.
③ 陈雪.对话陈廷敬[M].北京：中华工商联合出版社，2018：11.
④ 绍兴市王阳明研究会.前言[M].李永鑫.王阳明在浙江.杭州：浙江古籍出版社，2019：2.

龙场顿悟后，王阳明与士人日益亲近。受到士人的帮助，王阳明伐木自居，并设立龙冈书院，收学生，开始传道。刘瑾被除后，王阳明被任命为庐陵知县，因为政绩出色，又被擢升为京官。"王阳明在北京、南京为官期间，自立心学门户，招收门生，随处讲学，影响不断扩大。在江西剿匪和平宁王之叛的四年多时间里，王阳明一边指挥战事，一边讲学。一边剿灭山中贼，一边剿灭心中贼。心学理论不断升华。"① 王阳明生命的最后六七年的时光基本是在绍兴度过的：因父亲去世，王阳明回绍兴丁忧，同时也从事讲学活动。当时王阳明已名满天下，四方"裹粮而来"者不计其数。为了让门生有住处，王阳明扩建了原来的状元府第，又建了阳明书院。晚年在绍兴的六年多时间里，王阳明的心学理论进一步成熟、系统化。而且阳明思想的表达越来越简易，传播速度越来越快，影响力随之也越来越大。明嘉靖六年（1527年），广西思州、田州发生了少数民族的暴动。朝廷起用王阳明去平定暴动。王阳明不辱使命，很快平定了这场暴动。嘉靖七年末（1529年年初），在平暴后返家途中，王阳明逝世。终其一生，王阳明在立德、立功、立言——"三不朽"方面都做得很成功。"中国思想史上若是没有朱熹，也不会有王阳明。这不是说，阳明思想得自朱熹；而是说，阳明思想，是他对程颐朱熹所建立的宋朝理学体系的反应。"② 阳明心学强调致良知，突出了道德主体性，提倡"觉民行道"——使道和民相结合，而不是像之前思想那样提倡"得君行道"，使宋明理学发展到了一个新阶段。"人人自有定盘针，万化根源总在心。却笑从前颠倒见，枝枝叶叶外头寻。"③ 王阳明这首关于良知作用的诗既是对致良知意义的解释，也说明了良知信仰的作用：良知就像定盘针一样，指引人生的方向、规划人生的道路。"人人有路透长安，坦坦平平一直看。尽道圣贤须有秘，翻嫌易简却求难。只求孝悌为尧舜，莫把辞章学柳韩。不信自家原具足，诸君随事反身观。"④ 这首给门生的诗道出了儒家信仰的真谛——"只求孝悌为尧舜"，于家能孝悌，于国就能如尧舜般行仁道。明嘉靖五年（1526年）中秋节，王阳明作诗《中秋》，其中两

---

① 绍兴市王阳明研究会.前言［M］.李永鑫.王阳明在浙江.杭州：浙江古籍出版社，2019：2.
② 秦家懿.王阳明［M］.北京：生活·读书·新知三联书店，2011：20.
③ 转引自：李永鑫.王阳明在浙江［M］.杭州：浙江古籍出版社，2019：166.
④ 转引自：李永鑫.王阳明在浙江［M］.杭州：浙江古籍出版社，2019：167.

句是："吾心自有光明月，千古团圆永无缺。山河大地拥清辉，赏心何必中秋节！"①良知即是中秋光明月，有了它，团圆是永恒的，圆满是永恒的。王阳明的一生可以用推崇他的清初思想家唐甄的话做总结："君子之于道也，敬以修己，广以诱民，文学、事功皆备其中。"②

清朝著名廉吏于成龙是践行儒家信仰的典范。"于成龙前半生躬耕田园、青灯苦读、历尽艰辛，后半生入仕清廷做官，位极人臣，是清朝前期著名的廉吏与能臣。"③康熙皇帝称赞于成龙"素有才能，足以办事"。1617年（明万历四十五年），于成龙出生于永宁州来堡（今山西省吕梁市方山县北武当镇来堡村）。这一年，关外的后金政权刚建立一年多。于氏家族作为永宁望族，有扶贫济困、严格家教的家风。于成龙少有大志，熟读儒家经典，遍览佛典道藏；曾在紧邻来堡村的北武当山修道习武数年，练就一身文武双全的本领。当地百姓有句民谚说："贵人遭磨难，于成龙砍过碳。"这是指于成龙青年时曾下过煤窑当苦力。他白天干活，晚上挑灯夜读。他还曾于明崇祯十二年参加过会试，但不如意——只取得了副贡的资格，回到家乡后教过书、卖过酒。于成龙20岁的时候，皇太极改后金为清，正式称帝。于成龙28岁时，明亡，清军入关。"长期社会动荡和下层社会的磨练，尤其是对明末社会黑暗，统治集团在全面腐败中走向全面腐朽，最终在农民大起义的风暴中覆灭的时代剧变，有着亲身经历和深刻思考，从而使他的思想能关注社会苍生，推崇经世致用，具有强烈的社会正义感，这为他以后的从政奠定了坚实的民本价值观基础。"④1661年（清顺治十八年），45岁的于成龙以候补知县的身份到北京参加吏部掣签，从此进入仕途，从广西罗城知县起步，官至两江总督加兵部尚书、都察院右副都御史等职。关于为什么要做清朝的官的问题，于成龙和他的同道朋友认为：忠于一家一姓、一国一族只是"小忠"，忠于天下苍生、天理良心才是大忠。这是明亡后某些士人投身清朝官场、致力于构建太平盛世的思想基础。做

---

① 转引自：李永鑫.王阳明在浙江[M].杭州：浙江古籍出版社，2019：169.
② 唐甄.潜书校释[M].黄敦兵，校释.长沙：岳麓书社，2011：65.
③ 中共吕梁市委宣传部.大道之行 天下为公——清官廉吏于成龙[M].北京：中共中央党校出版社，2018：2.
④ 王毅鸣.以一代廉吏于成龙为镜鉴[M].中共吕梁市委宣传部.大道之行 天下为公——清官廉吏于成龙.北京：中共中央党校出版社，2018：164-165.

官后,于成龙尽心尽力、任劳任怨,不说空话、不唱高调,善于低头实干、埋头苦干,政绩卓著——主政一地,造福一方。他为官清廉,江南百姓送了他个绰号——"于青菜",意思是于成龙吃饭非常简单,就是吃青菜,"终年不知肉味"。1684年(康熙二十三年),68岁的于成龙在任上病逝,归葬于今山西省方山县峪口镇横泉村。作为能臣,他在23年的为官生涯中曾经在罗城、黄州、福建被三举"卓异"①,堪称人臣之标准、官吏之楷模。他去世后,康熙皇帝追赠其谥号——"清端",撰写了对联,称他"实天下廉吏第一"。于成龙去世以后,地方吏治焕然一新,彪炳史册的"康雍乾盛世"缓缓到来②。雍正年间,于成龙获得了"祀贤良祠"的荣誉。于成龙的信仰是他对宋明理学所做的概括——"天理良心",这也是对他为官动力的阐释。推崇程朱理学的康熙皇帝盛赞于成龙:"理学无取空言,如于成龙不言理学,而服官至廉,斯即理学之真者也。"③于成龙能够将理学主张躬行实践。"少年读书时,于成龙就对浩繁的经史子集作了四个字的概括——'仁义礼智'。45岁离家做官路上,他对好友说:'某此行,绝不以温饱为念,所自信者,天理良心四字而已'。"④这是于成龙的座右铭、上任名言,也是他的从政誓言。于成龙深信:国家之安危系于人心之得失。他崇尚知行合一,对空谈不屑一顾。他为官时,时刻把民生疾苦、地方利弊放在心上,总是致力于兴利除弊,安民惠民。在词讼、断狱方面,于成龙被看作是包公式的人物,百姓称他为"于青天"。"一个人的人品决定了他的一生,人品佳者流芳千古,人品劣者万世骂名。世间被人歌颂者皆是人品高尚之人。"⑤于成龙就是被世人歌颂的人品高尚之人。他对国家忠诚,对百姓关心。对朝廷的忠和对百姓的仁爱、对社会的关注占据了于成龙内心大部分位置。他是舍小家为大家的典范。他为官二十多年,从来没带过家眷。孑然一身,两袖清风。所到之处,收获的是卓越的政绩和百姓的口碑。发表于

---

① 清制:吏部定期(文官三年,武官五年)考核官吏。政绩突出、才能优异者为"卓异"。
② 中共吕梁市委宣传部.大道之行 天下为公——清官廉吏于成龙[M].北京:中共中央党校出版社,2018:4.
③ 李元度.于清端公事略[M].中共吕梁市委宣传部.大道之行 天下为公——清官廉吏于成龙.北京:中共中央党校出版社,2018:212.
④ 李元度.于清端公事略[M].中共吕梁市委宣传部.大道之行 天下为公——清官廉吏于成龙.北京:中共中央党校出版社,2018:208.
⑤ 陈雪.对话陈廷敬[M].北京:中华工商联合出版社,2018:1.

《羊城晚报》的下列文章①准确地说明了于成龙的信仰对其为官为人的作用。

于成龙的"天理良心"

在清代,于成龙被康熙皇帝称赞为"天下廉吏第一"。事实上,他不仅是个廉吏,更是个能吏,他做事只管对错,不计风险,胆子之大,令人咋舌。

康熙十八年(1678)春,于成龙就任福建按察使,负责纪检和司法。他发现监狱人满为患,这数千囚犯都是因为违反了《迁海令》。原来为了对付台湾的郑经等反清势力,清朝颁布了《迁海令》,严禁民间商船私自入海,有违禁者,不论官民,俱行正法。特别是对负有责任的地方官吏,失察或不追缉,从重治罪;保甲不告发的,即行处死;严重的,甚至要追究到巡抚、总督。在这样的严令下,福建的官员采取的策略是宁可多抓、错杀,也不漏网一个,至于有多少是冤枉的,那就管不了那么多了。

于成龙通过调查发现,这些百姓出海捕鱼,经商贸易,都是正当的生计,并非给敌人提供后勤补给。面对数千人的冤屈,于成龙坐不住了,他向巡抚吴兴祚、总督姚启圣请示,要求释放这些人。吴兴祚和姚启圣怕被追究责任,全都一口回绝,不敢答应。照理说领导表了态,这件事也就至此为止了,谁愿意为了几千百姓的生死,搭进自己的前程呢?可于成龙还不甘心,经过彻夜深思,他亲自登门,找在福建领兵坐镇的康亲王杰书申诉,他抱着案卷材料,据实以告,晓之以理,动之以情。杰书是天潢贵胄,又是最高统帅,没那么多可担心,最终被于成龙打动,答应了他的请求。

数千渔民因此保住了性命,他们无不流下了感激的泪水。

因为清理冤狱政绩突出,于成龙被"特简",即破格提拔为布政使。官虽然升了,可不久于成龙就发现,自己坐在了一个火山口上。

因为对台作战,当时有数万名八旗骑兵驻扎于福建,这些人不

---

① 于成龙的"天理良心"[N].羊城晚报,2015-03-22.

仅要吃饭,每天几万匹战马也要吃草料。八旗子弟素来骄纵,哪里肯亲自铡草喂马,于是便向地方征集"莝夫"(即铡草的民夫),人数多达数万人,弄得地方苦不堪言。在地方官员的一再要求下,朝廷曾禁止再征"莝夫",可八旗子弟仗着自己是特权阶级,又在为国打仗,强烈要求康亲王杰书继续征调。杰书考虑到自己军队的利益,再次要求各地照旧派夫,这就激发起了一次严重的群体性事件。

康熙十九年(1680)正月,知县祖寅亮、姚震等人拒绝执行康亲王这道命令,八旗官兵于是聚集到县衙闹事,逼迫知县派夫;而百姓听说此事后,突然停业罢市,聚集在街上,群情汹涌,大规模的民变一触即发。紧急关头,于成龙挺身而出,他代表地方官员向康亲王杰书上了一封公开信《公上康亲王求罢莝夫启》,接着又以自己的身份,向康亲王上了一封《再肃上康亲王启》,指出民心得失,关乎天下的道理,请求他收回成命。杰书一看事情闹大,思忖再三,只好顺坡下驴,不了了之。

事后,许多人都为于成龙捏了一把汗,因为在清人统治之下,满人比汉人要高一个等级,官员抗命,百姓闹事,那都是掉脑袋的事,于成龙躲过一劫,实在是万幸。

康熙十九年(1680)初,泉州因为处在对台作战的前沿,米价飞涨,兵民交困。总督姚启圣一方面向朝廷申请捐济,一方面自己捐出五千两白银,同时令下属各司道府必须捐齐五千两,共筹集一万两白银,在省城福州买米五六千石,火速运往泉州,这事又落在了身为布政使的于成龙头上。

于成龙没有简单地按姚启圣的命令办理,因为此时省城福州的米价也在上涨,每石米已经涨到二两一二钱左右,如果这时候再大量购米,米价势必继续飞涨,这里的军队和百姓也难以承受了。经过一番思索,于成龙决定改买米为借米。他恳求巡抚吴兴祚下令,从粮道手里借出为康熙十九年秋天储备的粮米,闽县提供了一千石,侯官县准备了两千石,于成龙自己再筹集了两千石,共凑齐五千石,先行运往泉州。等上游的外省米运到后,陆续补还这批秋粮米。由于没有从市场采购，避免了大米紧缺，福州的米价不升反降，很快跌到了每石一两左右。姚启圣是个理财高手，得知于成龙通过借米还米、临时周转的方式，既救了泉州之急，又平抑了福州飞涨的米价，不仅没有追究他不执行自己命令的罪过，反而对他称赞有加。

于成龙敢想敢干，源自他做官和为人的理念。当初他得到赴任广西的任命，好友以那里条件艰苦为由，劝他不要去，于成龙回答说："我此行决不以温饱为志，誓勿昧'天理良心'四字。""天理良心"在于成龙看来，就是"见利勿趋，见害勿避"，公平正义是一个人的良心所在。人常说，思想是行动的先导，一个人拥有怎样的信仰，就决定了他会成为什么样的人，于成龙给了我们一个生动的展示。

从中观层面谈儒家学说在中国传统社会的社会作用，费孝通的观点具有代表性。"如果我们对行为和目的之间的关系不加推究，只按着规定的方法做，而且对于规定的方法带着不这样做就会有不幸的信念时，这套行为也就成了我们普通所谓'仪式'了。礼是按着仪式做的意思。礼字本是从豊从示。豊是一种祭器，示是指一种仪式。礼并不是靠一个外在的权力来推行的，而是从教化中养成了个人的敬畏之感，使人服膺；人服礼是主动的。礼是可以为人所好的。"① 唐宋以后，中国乡土社会的秩序是靠礼来维持的。在乡土社会的礼治秩序中做人，如果不知道礼，就成了撒野、没有规矩，就不是个好人。"所谓礼治就是对传统规则的服膺。生活各方面，人与人的关系，都有着一定的规则。行为者对于这些规则从小就熟习，不问理由而认为是当然的。长期的教育已把外在的规训化成了内在的习惯。维持礼俗的力量不在身外的权力，而是在身内的良心。所以这种秩序注重修身，注重克己。"②

从宏观层面谈儒家学说在传统社会的社会作用，离不开修身、齐家、治国、平天下这组家国同构式的概念。遵从圣贤教诲和儒家经典要求，不仅可以于己修身、于家齐家，还可以治国、平天下。明清之际思想家唐甄曾指出：

---

① 费孝通.乡土中国[M].乡土中国 生育制度 乡土重建.北京：商务印书馆，2017：54-55.
② 费孝通.乡土中国[M].乡土中国 生育制度 乡土重建.北京：商务印书馆，2017：54-55.

"儒之为贵者，能定乱除暴安百姓。"①"仁能济天下，以尧、舜为准。义能制天下，以汤、文为准。礼能范天下，以周公为准。智能周天下，以五圣人为准。"②提倡仁义礼智信的儒家学说是入世、治世之学，有经世致用之功。尽仁，能育天下；尽义，能裁天下；尽礼，能匡天下；尽智，能照天下。和柏拉图的《理想国》代表了西方主智的传统不同，以孔子的《论语》为代表的中国儒家思想以主德为特征，在治国理政方面，体现为仁政、内圣外王。用景天魁先生发掘的概念，既儒学在合群、能群、善群、乐群方面有重要的社会作用。

二、宗教信仰及其对社会的影响

杨庆堃对宗教信仰的分类很适于对中国传统社会宗教信仰的分析。以下根据这种分类对中国传统社会宗教信仰及其社会作用做概述。

（一）制度性宗教信仰及其社会作用

在中国传统社会，佛教、道教、伊斯兰教、基督教、天主教是制度性宗教。它们在不同的历史时期发挥着不同的社会作用。

"世界之宗教，皆由原始之信仰而来，其初皆至单简，其后趋于复杂，乃形成为宗教。迨既成宗教之后，仍吸收环周之物象而愈庞大，遂至分裂为各派。然最初之信仰，仍与各派并行于人间。即如道教，其义理固本之道家，而其信仰，实由古之巫祝而来，辗转而为秦、汉之方士，又演变而成今之道士。然虽在今日，巫祝仍与道士并行不废，且彼此相混合焉。"③道教是中国土生土长的宗教，以追求长生不老、修仙成道为主要目标。道教正式创立于东汉末年，其创立途径有两条：一是五斗米道的创立，二是太平道的创立。东汉后期，沛国（今江苏沛县）人张陵在巴蜀地区创立了五斗米教。五斗米教因入道者必须交纳五斗米而得名。张陵自称为天师，能治病。其弟子多至数万户。后世也将五斗米道称为天师道。五斗米道的首领曾在汉中建立了一个政教合一的

---

① 唐甄.潜书校释[M].黄敦兵，校释.长沙：岳麓书社，2011：6.
② 唐甄.潜书校释[M].黄敦兵，校释.长沙：岳麓书社，2011：12.
③ 傅勤家.中国道教史[M].北京：商务印书馆，2011：34.

地方政权。同一时期,河北钜鹿人张角自称"大贤良师",创立了太平道。太平道因崇奉《太平经》而得名,奉事黄老道,以符水咒语为人治病,信奉者达数十万人。《太平经》是最早的道教经典,以"真人""天师"问答的形式阐述经义,内容庞杂,继承了老子《道德经》的某些思想,也包含了关于养生术、神仙方术的内容,还有一些反映下层民众追求平等、自食其力和反抗官府横征暴敛的内容。张角利用《太平经》的思想教化信众,用军事形式将教徒组成三十六方。后来,太平道的首领还曾发动过黄巾起义,动摇了东汉王朝的统治基础。孙尚杨认为,"在中国,宗教常常成为政治压迫的对象,这其中有一个重要原因便是平民常以宗教名义组织起义"[①]。初创立时,五斗米道和太平道主要在民间活动。魏晋南北朝时期,道教向上层传播,一些新的神仙道派开始出现,如北魏时期的寇谦之假托太上老君之名,改造了旧五斗米道的教义,吸收了儒家礼教内容、佛教生死轮回思想以及服药内炼方术,建立起适合统治阶级需要的新道教,被称为新天师道。新天师道得到了北魏统治者的认可,或为北魏的国教。南北朝以后,隋朝对道教进行了扶植和利用。唐朝初年,道教被列为儒释道三教之首,后实行三教共弘的思想文化策略。唐宋时期,道教进一步发展,形成了多种新的流派。元代以后,道教逐步形成全真派和正一派两大流派。全真教的出现,使道教在当时的影响力大增。全真派创立者为金代的王重阳,该派将"全真"解释为"识心见性",主张儒释道三教合一,讲究内外兼修。内修包括精神修养和肉体修养(内丹修炼),外修即济世度人。全真教道士不娶妻室,不食荤腥,住道观。正一派渊源于五斗米道,以《正一经》为主要经典,以降神驱魔为主要活动,其道士不用出家、可不居住在道观,拥有家室、吃荤、俗装。明清以后,道教日渐衰落,活动主要在民间。从社会作用上看,道教对人养身有助益。所谓"穷则独善其身",对独善其身而言,道教能提供有力支持。作为一种文化,道教对社会的作用是多方面的,在不同历史时期,这种作用也表现在不同方面。例如在宋明时期,道教对宋明理学的形成有助益。明末的劝善运动,道教亦有贡献。在四川有"拜水都江堰,问道青城山"之说,意为道教对形塑四川人"道法自然、上善若水"的性格特征有深刻

---

① 孙尚杨.基督教与明末儒学[M].北京:东方出版社,1994:230.

影响。

佛教是教人摆脱人生苦海达到永恒的宗教,产生于公元前6世纪印度的列国时代。公元前7世纪到前4世纪在印度历史上是列国纷争的时代,犹如中国的春秋时代,思想和宗教异常活跃,宗派林立,争鸣激烈。到公元前6世纪初,印度北部出现了16个强国。约公元前565年,佛教的创始人乔达摩·悉达多降生在古印度北部迦毗罗卫国(今尼泊尔境内),其父为净饭王。29岁那年,乔达摩·悉达多告别亲人,出家修道。经历诸多尝试、磨难,在35岁那年于一棵菩提树下悟道。从此,他开始了历时45年的传教活动,直到80岁去世。世人一般尊称他为释迦牟尼或佛陀。佛教有一整套思辨性很强的人生观、世界观,如三世因果、六道轮回等。"佛法最究竟的地方,就是'一切法因缘所生'。"[1] 佛教创立初期,主要流行于印度恒河中上游地区。公元前3世纪,印度强盛的孔雀王朝的国王阿育王皈依佛教,并将佛教定为国教加以大力弘扬。他广建佛塔,直接参与指导僧团活动。从阿育王时期到公元前1世纪的200余年时间里,佛教不仅风靡印度全境,而且迅速向周边国家和地区(如中国、越南、朝鲜、日本等)传播。

佛教向亚洲各地传播,大致分为三条路线:第一条路线是丝绸之路,为佛教传播的北路,从犍陀罗(今巴基斯坦、阿富汗北境)经由中亚,越过帕米尔高原进入西域(新疆),再经河西走廊抵达中土。第二条路线是海上丝路:从南印度经由海路,传至印尼、缅甸、柬埔寨和泰国等地,部分支派通过华南登陆,再进入中国南方发展。第三条路线是喜马拉雅山,这是较晚期出现的传播路线,从东印度(含孟加拉国及尼泊尔)越过喜马拉雅山进入西藏,成为密宗佛教的主要传播路线。北传路线和南传路线的区别是:前者以大乘为主,后者以小乘为主。佛教从此开始成为世界性宗教。

公元4—6世纪是佛教的黄金时代,佛教在印度、斯里兰卡、南洋群岛诸古国、中国等国家得到当地最高统治者的信仰和支持,发展特别迅速。公元7世纪以后,佛教中心开始转移:印度教在当时印度的社会和文化中逐渐取得优势地位,佛教逐步密教化——一部分佛教教派与婆罗门教结合形成密教。8—

---

[1] 净慧.生活禅钥(增订版)[M].北京:生活·读书·新知三联书店,2014:31.

9世纪以后，佛教僧团在印度日益衰落。13世纪初，佛教在印度趋于消亡。从19世纪末开始，佛教在印度出现复兴运动。19世纪末20世纪初，佛教先后传入欧洲和北美。目前，佛教已经传播到世界各大洲，但主要集中在东亚和东南亚一带。

相传佛教于东汉明帝永平十年（公元67年）开始传入中国。汉明帝永平十年，汉使者于中天竺大月支，遇具德高僧迦叶摩腾、竺法兰，得佛像、梵本经60万言，载以白马，达洛阳，二位沙门应邀同行，馆于鸿胪寺。永平十一年，皇帝敕洛阳西雍门外立白马寺，两位沙门始译《四十二章经》。《四十二章经》为中国历史上第一部佛教经典。其后，西域译经大师相继东来，宣译佛经。从三国开始，汉地僧人出于研究和弘扬佛学的需要，开始立志西行求法。例如，朱士行于魏甘露五年（260年）从陕西西安出发，西涉流沙，到达于阗（今新疆和田），得到大品《般若》的梵文本。399年，时年65岁的东晋高僧法显约四位高僧从长安去天竺求法，13年后，回到建康（南京），译经律六部63卷，撰写了《佛国记》。东汉至三国时期即佛教初传到中国的时期，佛教在中国基本被看作是神仙、方术之类的东西，或者是类似于当时人们崇拜的黄帝、老子之道。佛教对当时社会的影响和规模都有限，在这个时期注重经典翻译、阐述教义等活动。早期佛经传译借助于儒家思想和道家思想来阐释佛教教义，如把佛解释为一种谥号，和传统的三皇五帝名称一样；或者认为佛乃道德之元祖。东汉初年，佛教主要在帝王将相等上层社会中流传。楚王刘英（明帝刘庄之弟）"尚浮屠之仁慈"，"为浮屠斋戒祭祀"，设盛馔供养"桑门"和伊蒲塞，受到汉明帝刘庄的嘉奖。刘英应是中国最早信仰佛教的重要人物之一。东汉末年，黄巾起义爆发。之后三国鼎立，晋用武力统一了全国。继之又有八王之乱，五胡入侵。在这一百多年中，中国民众生活于水深火热之中，朝不保夕。为求精神安慰或逃避朝廷的徭役，有些人皈依了佛门。西晋时期，统治者和广大民众中的信仰佛教者已形成一定规模。相传当时东西两京（洛阳、长安）已经有佛寺一百八十所，僧尼三千七百余人。在南北朝时期，北地高僧辈出，道安等大师在北方弘化（慧远等人是北僧南下者）。南地士大夫阶层中通达佛理者很多，如王导、谢安、王羲之、陶潜、刘遗民等。魏晋南北朝时期，佛教与中国传统文化产生了激烈的冲突，集中表现为对因果报应、生死轮回、忠君孝亲等问题上的不同认识与争论。这在一定程度上刺激了佛教由印度佛教向适应中国社会传统需要的转变。佛教在这个时期进行了中国化的改造，奠定了其在中国进一步发展的基础。从汉代到南北朝时期，对佛教的传播和发展起主要作用的是境外来华的僧人，如鸠摩罗什和菩提达摩。401 年，58 岁的鸠摩罗什到长安，413 年逝世。他主持译经 35 部 294 卷。隋唐时期，起主导作用的僧人几乎全隶属于中国本土，如玄奘、慧能。玄奘西天取经回长安后，共主持翻译了经律论 657 部，还将《老子》《大乘起信论》译为梵文。隋唐时期，佛教传播的重心已经从古印度、西域诸地转移到了中国，佛教传播逐渐达到极盛时期。佛教在中国也开始出现了宗派，如著名的天台宗、法相宗、俱舍宗、华严宗、律宗、密宗等。隋唐时期的佛教已基本构成了中国传统文化的一个重要组成部分。如果说，佛教初入中国时是一种异文化，那么此时已是本文化了。两宋时期，由于理学家对复兴儒学的努力等因素作用，佛教在中国从发展的高峰上跌落下来，但这时佛教已经完全渗透到中国传统文化之中了。元代，元世祖设宣政院，专门掌管佛教僧徒。但他所提倡的是藏传佛教。明太祖朱元璋少年时孤贫，曾入皇觉寺为僧。他当了皇帝后对佛教极力保护：于京师设置僧录司，掌天下僧教事。他还规定不能任意出家。凡是想出家为僧的，须经过考试经典才能给予度牒。出家者应避俗修禅山中。明武宗好佛，学经典，遍达梵语。明世宗即位后，溺于道教，嫌弃佛教。清代主要崇奉藏传佛教。清朝皇帝"作为个体，他无妨扮成一名虔诚的信徒，同时由于其特殊身份和地位，他又必须把宗教信仰当作实现政治目标的功利手段"[①]。

就社会作用而言，佛教教人看谈世俗的纠缠，引导人注重自己的起心动念之善、因果报应，有助于人的养心，在社会上层和下层都有其影响力。"不依国主，佛法难立"，决定了佛教的上向传播策略。在明末由士人发动的劝善运动中，佛教发挥了重要作用。观音救苦等观念使佛教在民间有广泛的信众。佛教的本体论思想对宋明理学援佛入儒有重要作用。

道教和汉传佛教是汉晋时期民间新兴宗教信仰的产物。"面对日益扩大而儒家化的国家祭祀无力完全占领的民间信仰空间，汉代外来的佛教与本土的

---

① 杨念群."天命"如何转移：清朝"大一统"观的形成与实践[M].上海：上海人民出版社，2022：256.

道教展开竞争，逐渐从挑战儒家社会秩序转向与现实社会秩序相适应，从而相继获得了主流社会的认可，至南北朝时期遂形成儒、释、道并存的格局。"①唐代，三教共弘。到了明中晚期，"三教合一"之说广泛流行。方以智提出了"三教一宗"概念，认为："孔子复生，必以老子之龙予佛；佛入中国，必喜读孔子之书，此吾之所信也。"②明末清初，处于社会上层的知识精英和身处社会基层的士绅发起、推动了一场劝善运动，以促成"治人心"目标之实现并拯救社会的危机。他们"把儒家传统的'改过'实践发展成为互相'纠过'的集体性行为，由孔子的'自讼'、程朱的'主敬'引申出一套'焚香告天'的仪式，将道教《功过格》改换门面而代之以'儒门功过格'。……通过道德与宗教的结合方式来引导教化，更容易引起社会底层的广泛共鸣。"③在劝善运动中，以三教内容杂糅的形式生成的各种善书广为流行，成为三教社会作用的标志性事件。

"伊斯兰"是阿拉伯语的译音，本义是"和平""顺从"。后来，"伊斯兰"这个概念演化为指称由先知穆罕默德创立的宗教。"伊斯兰"在伊斯兰教中被赋予顺从宇宙的主宰——安拉的意义。对伊斯兰教简单的解释是：顺从安拉意志的宗教。信仰伊斯兰教的人被称作穆斯林或穆民，即信仰和顺从安拉的人们。伊斯兰教的基本信仰是：信安拉、信末日、信天使、信天经、信先知。其中，信安拉是核心。伊斯兰教于公元 7 世纪兴起于阿拉伯半岛。它产生之后，在与其他宗教文化的交流和对抗中很快取得了成功。唐初，作为一种异文化的伊斯兰教已传入东南沿海的一些水运交通发达的地区。公元 10 世纪末至 11 世纪初即五代、北宋交替之际，伊斯兰教开始传入今天新疆的喀什、和田、阿克苏、库车一带，对于维吾尔族的形成及其在宗教信仰、语言文字、风俗习惯等方面的逐渐统一产生了深刻的影响。15 世纪，伊斯兰教在新疆又东传至吐鲁番、哈密一带。到 16 世纪初，伊斯兰教就在新疆占据了主导地位。

就中国全境而言，唐宋时期，穆斯林的人数并不是很多，只分布于几个大

---

① 廖小东.政治仪式与权力秩序——古代中国"国家祭祀"的政治分析［M］.北京：中国社会科学出版社，2014：184.
② 方以智.东西均注释［M］.庞朴，注释.北京：中华书局，2001：32.
③ 吴震.明末清初劝善运动思想研究［M］.上海：上海人民出版社，2016：5.

城市和通商口岸。元代，伊斯兰教获得了广泛的传播和发展，这和成吉思汗的蒙古大军西征有很大的关系。13 世纪初，成吉思汗率领蒙古军大举西征，建立了横跨亚、欧两洲的蒙古大汗国。1235 年，成吉思汗的孙子拔都又率领大军西征，战事波及今天的波兰、匈牙利。1253 年，成吉思汗的另一个孙子旭烈兀指挥了蒙古军的第三次西征，攻占了大马士革和巴格达，建立了伊儿汗帝国。在西征的同时，蒙古军队也大规模南进，统一了中国。经过 40 多年的征战，忽必烈于 1271 年建立了元朝。在上述征服和统一的战争过程中，大批中亚、西亚被征服地的各族青壮年（大部分是阿拉伯、波斯和中亚各地的穆斯林）组成了"西域亲军"，跟随蒙古大军东来中国，参加蒙古军在中国进攻金朝、西夏、南宋等地的统一中国的征战。战后，这些西域亲军屯聚牧养，在全国各地定居下来，以陕西、甘肃最多。当时的中国人把这些随着蒙古大军迁来的穆斯林称作"回回"。"回回"定居在各地之后，就娶妻生子、组建家庭、繁衍后代。他们将自己的妻子、孩子同化为伊斯兰教信徒，使其皈依伊斯兰教。除此之外，大批有技艺的工匠也被迫随蒙古军东来，为蒙古王公贵族服务。与此同时，非强迫的商业交往和其他类型的社会各阶层人士——学者、教职人士、达官贵人、旅行者的流动也随着蒙古帝国的建立而方便起来，这些人在很多大城市定居下来，为伊斯兰教在中国的广泛传播奠定了人口基础。"元代东来的穆斯林数量远远胜过唐宋时期，并逐渐形成许多小的聚居点或聚居地，星罗棋布，遍及全国城乡各地，故有'元时回回遍天下'之说。伊斯兰教随之扩展到全国范围，深深植根于中国社会。"[①] 明代，伊斯兰教获得了和平安定的发展环境。明中叶以后，在穆斯林中兴起了经堂教育，各地穆斯林纷纷创办经堂学校，普及伊斯兰教，培养经师、掌教人才。回族是在明代正式形成的。伊斯兰教在回族形成的过程中发挥了重要的信仰纽带作用。明末清初，穆斯林普遍称自己信仰的伊斯兰教为"清真教"，礼拜寺也被统称为清真寺，以表示自己的信仰纯洁无瑕、诚一不二。清代，回族穆斯林人口迅速增加，在甘肃、宁夏、青海、陕西、云南等地形成了一些回族聚居区，这些地区的农业经济有很大的发展。但是清朝统治者对回族和伊斯兰教实行歧视、压迫的政策，

---

① 勉维霖. 中国回族伊斯兰宗教制度概论［M］. 银川：宁夏人民出版社，1997：7.

经常挑拨教派斗争，使得回族穆斯林在清朝统治的 300 年间一直处于水深火热之中。清末民初，回族穆斯林受当时各种新思潮的影响，开展了伊斯兰教维新运动和新文化运动，西道堂在甘肃省临潭县开始出现。西道堂建立了区别于传统的伊斯兰教教坊组织的、以公有制为基础的穆斯林大家庭，信众不多，共四五千人。20 世纪 50 年代，西道堂解体。

1956 年 6 月 2 日，中华人民共和国国务院发布《关于伊斯兰教名称问题的通知》，针对旧中国一直把伊斯兰教称为"回教"的状况，规定："今后对伊斯兰教一律不要使用'回教'这个名称，应该称'伊斯兰教'。"这一规定受到了广大穆斯林的拥护。"1300 多年来，伊斯兰教以其幽玄的哲理，古老的历史和巨大的能量，凝聚了数以亿计的不同肤色的穆斯林群众。尤以其缜密而集体意识极强的宗教制度，更具有超强制性的权威，成为每个穆斯林必须遵守的神圣义务。其信仰和观念、功修礼仪、宗教组织以至伦理道德和生活方式的系统化、制度化，都达到了很高的水平，教法学十分发达，无不有制，无不立法。伊斯兰教以'天命五功'①和各种礼仪制度，来沟通人与安拉之间的关系，密切人与人的联系。由此而显示出伊斯兰教的神圣和庄严，并从而在穆斯林的心理上造成极为严肃的宗教气氛和牢固的宗教感情"。②"在回族发展史上，伊斯兰教是一种沟通回族人与人之间社会关系的主要渠道，而其他政治、经济、哲学、艺术、科技甚至法律行为又大量通过宗教制度因素纵横于整个回族社会，成为回族社会机制中不可缺少的部分。"③

基督教是目前世界上信徒最多、分布最广的宗教。在我国，一般所谓基督教是指基督新教。基督教在广义上指信仰耶稣基督为救世主的所有宗教教派，包括天主教（罗马公教）、基督新教和东正教（正教）。狭义的基督教仅指基督新教。以下先介绍广义基督教的产生和演变情况。基督教起源于公元 1 世纪的巴勒斯坦，是从犹太教中分化出来的。公元 30 年代后期，犹太人保罗皈依基督教，开始向地中海沿岸罗马帝国其他地区传播基督教。公元 3 世纪，罗

---

① "五功"是信仰的实践，一般指念、礼、斋、课、朝，即念主、礼拜安拉、节制嗜欲、天课—施济贫困、朝觐。
② 勉维霖.中国回族伊斯兰宗教制度概论［M］.银川：宁夏人民出版社，1997：21-22.
③ 勉维霖.中国回族伊斯兰宗教制度概论［M］.银川：宁夏人民出版社，1997：28.

马统治者开始利用基督教为其统治服务。公元 313 年，罗马皇帝君士坦丁发布"米兰敕令"，承认基督教的合法地位。公元 392 年，罗马皇帝狄奥多西一世宣布基督教为国教。从此，基督教得到了很大发展，并随着罗马帝国的扩张而传播到世界上广泛的区域。公元 395 年，罗马帝国分裂为东、西两部分，即东部的君士坦丁堡和西部的罗马。东部主要继承的是希腊文化传统，西部延续的是拉丁文化传统。相应地，基督教会也以两个首都为中心形成西派、东派两个教会。东部教会以正统自居，称正教。西部教会以普世性自诩，称罗马公教。公元 11 世纪，罗马教皇以"圣战"的名义向东方发动了十字军东征。从 1096 年到 1291 年近两百年间，十字军先后 8 次东征。经历了漫长的中世纪之后，16 世纪，基督教内部发生了宗教改革运动，产生了基督新教。18 世纪，随着欧洲向海外的进一步扩张，基督教各派成立了各种传教组织，向世界各地传播基督教。19 世纪更是形成了传教高潮。20 世纪，民族民主运动在亚非拉许多国家兴起，基督教的传教活动受到抵制和批判。

据史料记载，作为一种异文化的天主教首次传入中国是在公元 7 世纪唐太宗贞观九年（635 年），当时在中国被称为景教。后来唐武宗灭佛，景教也受到了牵连，在中国内地消失。几百年后，1294 年，天主教再度传入中国。意大利方济各会士孟高维诺以罗马教廷使节的身份来到中国，在元大都建造两所教堂进行传教、翻译经文，后任北京的总主教。当时，天主教被称为"也里可温教"，仅在社会上层人士中传播，信徒中汉人很少，多为蒙古人、色目人，分布在北京、福建、内蒙古、江苏、浙江等地，信徒人数约 6 万人。元朝灭亡后，天主教在中国近乎绝迹。1582 年（明末），意大利耶稣会士利玛窦到中国传教为天主教三入中国之始，在他的影响下，李之藻、徐光启等人成为天主教信徒。自此，天主教在中国有了一段连续的发展史，一直到康熙五十六年（1717 年），康熙颁令禁教。"明末来华传教士之目的虽然亦是进行宗教上的渗透，但当时的世界格局和经济军事实力的状况决定了传教士们的活动尚带有和平的文化传播、交流的色彩，而且影响的范围也不大。因此，他们的行动尚不足以象鸦片战争后那样常常引起巨大的震动，对士大夫、平民百姓在思想、物质利益方面的冲击因而也不是特别强烈的。"① 换言之，明末传教士带来的西方的天主教信仰对于当时中国社会的影响不占主要地位，"居次要地位"②。

清政府禁教的起因是礼仪之争：1610年利玛窦去世后，他的继任龙华民在耶稣会士内部挑起了礼仪之争，针对祭祀祖先和孔子等中国礼仪是否符合教规等问题展开了持久且涉及人群范围广泛的争论。从1643年开始，几十年间，三位罗马教皇四次通谕，禁止中国天主教徒参加中国传统的祭祀孔子和祖先的仪式。其结果是康熙下令禁教。直到道光二十四年（1844年），清政府才迫于鸦片战争炮火的压力，将天主教禁止在中国传播的禁令解除。1717—1844年共计127年，史称"百年禁教"。百年禁教期间，天主教只能在秘密状态下传播。鸦片战争中，中国被迫签订了一系列丧权辱国的不平等条约（如《南京条约》《天津条约》《北京条约》等），这些条约中都有明确的"传教条款"，约定中国不仅要允许外国人到中国传教，还要保护传教者，外国人可以在各省租用或购买田地、建堂造屋。自此，天主教在中国获得了迅速发展。到19世纪末，天主教徒在中国已达五六十万之多。传教士多次锲而不舍地来华传教的最终目的、使命是"归化中国，为在欧洲受到宗教改革冲击的天主教寻找新的皈依者"③。

狭义的基督教（基督新教）传入中国最早是在台湾。17世纪荷兰占领台湾，也将基督教传到了台湾。清军收复台湾后实行禁教。"明末一部分士大夫基于一种夸大的危机感而产生的禁教排外思想——思维方式和具体措施——经过清初以杨光先为代表的士大夫的极端化发展，更由于传教士实施严苛的传教路线，至雍正乾隆年间终于导致事实上的全面禁教排外。这段历史中较为可行的以传教士为媒体的和平的中西文化交流戛然而止。……和平的交流既然不可能，和平而稳定的闭塞也随着资本主义经济和帝国主义的拓殖浪潮对世界民族樊篱的蛮性冲决成为不可能之事，中国近代史也就不能成为假设中的偶然之事。"④1807年，英国基督教伦敦布道会传教士马礼逊以东印度公司翻译的身份

---

① 孙尚杨.基督教与明末儒学[M].北京：东方出版社，1994：137.
② 孙尚杨.基督教与明末儒学[M].北京：东方出版社，1994：137.
③ 孙尚杨.基督教与明末儒学[M].北京：东方出版社，1994：175.
④ 孙尚杨.基督教与明末儒学[M].北京：东方出版社，1994：252.

为掩护，在广州、澳门秘密传教，一直坚持了 25 年，他因此被称为基督教来华传教的第一人。鸦片战争前，基督教各欧洲国家共派 20 多名传教士来华传教，这些人大多获得了鸦片商的资助，或直接参与了鸦片贩卖的活动，有的则直接参与了后来的鸦片战争和不平等条约的制定、谈判。在这个意义上，基督教成了帝国主义侵略中国的工具。鸦片战争后，基督教开始大规模传入中国。当时国人将基督教称为"洋教"。中国非教徒民众对依仗强权政治而涌入的基督教产生了极大的痛恨，纷纷加以抵制。从 19 世纪中叶起，大小教案不断发生，著名的有天津教案、济南教案、重庆教案等，形成了声势浩大的反洋教运动。此后，基督教会改变了传教策略，目的不仅是使更多的人皈依基督教，更是要拉拢民心，用基督教和西方思想文化塑造一批亲西方的青年知识分子。但多数青年知识分子都是爱国的，不会完全被其同化。

（二）分散性宗教信仰及其社会作用

民间宗教信仰即分散性宗教信仰，是指发端并扎根于民间、相对世俗化的神灵崇拜形式。在中国传统社会，分散性宗教信仰在普通民众的生活中占据怎样的位置？这要从分散性宗教信仰的表现形式谈起。

从适用场合看，家庭中的分散性宗教信仰体现为：第一，门神、灶王爷、土地神、宅神；第二，祖先崇拜——丧礼和供奉仪式（家庭供奉和祠堂供奉）；第三，婚姻：没有浪漫，却有很多关于浪漫与爱情的神、鬼故事。《聊斋志异》中记述了很多鬼故事。"狐狸、黄鼠狼、刺猬、蛇等这些能修炼成人形的灵异动物不但能支配人，给人带来财富、祸福，信奉者也相信这些在神灵体系中有自己位置的仙家既不属于神，也不属于鬼和祖先；它们不但影响着个体、家庭、社区的生活，通过香头，它们还经常左右表面上是供奉神佛的庙会的香火。"[①]家庭中的分散性宗教信仰与乡土社会形态有关。旧时，天津"村民聚居，由于自然环境、生活条件而形成的风习以及宗教的传播，于是出现了许多庙宇。'药王'、'娘娘'的神庙，不只一处，既是从生活需要出发，而祈求神灵的护佑，也说明过去村聚分散的情况。过去乡村里多有小型的土地庙，或只

---

① 岳永逸. 灵验•磕头•传说——民间信仰的阴面与阳面[M]. 北京：生活•读书•新知三联书店，2010：174.

在村头，一间小屋，一座佛龛。到（20世纪）20年代，村民遇有丧事，家属还要哭着到'土地爷'那里去'报病'"①。

社会和经济团体中的分散性宗教信仰表现为：农民的农业神——风神、雷神、龙王爷、虫神崇拜；手工业行业里的鲁班、华佗崇拜；商业团体的财神崇拜。"对于文化传承者而言，'祖师爷'亦常常称为'祖师'，指的是这些文化传承者所信奉的，开创其所操演的技艺、所从事的职业的活生生的'人'，是一个群体阶序形成、行动交往基本准则的标志与象征。在一个群体的日常生活之外，祖师爷是被众生敬拜、高高在上的神灵，而在日常生活之中，祖师爷规训着该群体生活的方方面面，是随处可感、随手可及的真实存在。因为常常与特定行业或行当相关，从事研究的学者又将祖师爷称之为'行业神'"②。京剧界现在仍流行的拜师仪式就有祖师爷崇拜的痕迹（虽然形式已经相当简化了）。"祖师爷不赏饭"是一句梨园行流行的话，指一个人在戏曲行当中没有造诣。"在拜师时，祖师爷不但是不可或缺的符号、仪式空间必备的要素，它还是新人必须跪拜并用心感受的对象，也是行当中的同仁要重温和感念的对象。……祖师爷信仰的本质在于它是一个群体的主观感受，是在历时累积、历史传承与长期选择的基础之上，面对现实处境、学习行当技艺、与行当内外人交际时的一种心态。"③

地域性社区中的分散性宗教表现为：庙会（既是城乡间的贸易，又是重要的宗教节日）、在遭遇危机时的公共仪式（祈雨、消灾）、传统节日（新年、清明、鬼节）。流行于云南大理白族聚居区的本主文化即地域性社区中的分散性宗教。"在白族的传统观念中，本主是主吉凶的，人的祸福与本主有密切关系。如本村或本家族得到本主的保佑，则天降吉祥，事事顺利；反之则是凶年，做什么都不成。福兮祸兮，全看本主对你的态度。"④绕三灵是洱海沿岸的白族人民敬神、庙会合一的一种活动。绕三灵与本主信仰关系密切。据说绕三

---

① 中国人民政治协商会议天津市河北区委员会文史资料文化艺术委员会.天津摇篮三岔河口（《天津河北文史》第八辑）[M].天津：天津人民出版社，1995：172.
② 岳永逸.灵验•磕头•传说——民间信仰的阴面与阳面[M].北京：生活•读书•新知三联书店，2010：174.
③ 岳永逸.灵验•磕头•传说——民间信仰的阴面与阳面[M].北京：生活•读书•新知三联书店，2010：317.
④ 杨亮才.茶马古道白族本主文化[M].昆明：云南人民出版社，2014：24.

灵起源于南诏时期，至今仍绵延不绝。时间是每年农历四月廿三至廿五日。

上述这些分散性宗教表象的背后都包含着道德性意义。例如，祭祀门神或土地神是对"家"的界定；祖先崇拜（如中元节）是"孝"的表达方式；一个行会对祖师爷的崇拜，加强了交易行为中对"诚信"这个伦理价值的尊敬和对行业规范的遵守。中国传统德福观念认为一个人的命运会受德行的影响。例如，邪恶的人即使智力再出众也会在考场上失利；有德行的人则会金榜高中。因此，无论地位身份如何，人们终其一生都要履行其道德责任。儒学是这些道德规范的来源。分散性宗教在很大程度上取决于世俗制度的命运，而且不具有持久的性质，不能形成独立的宗教制度。它的主要功能是为世俗制度需要的伦理价值（儒家学说）提供超自然的支撑。作为社会风俗的一部分，分散性宗教通过展示其功能形成了四处渗透的影响力，因此似乎也不需要拥有强大而独立的制度性、组织性结构。总之，"传统中国并不缺乏信仰，在民间社会之中，不管是贯穿个人生命还是家国发展的，都有各自的信仰，并且出现了管辖各阶段具体活动事务的神明，以及相关的祭祀礼仪。如关于出生的就有送子观音、泰山娘娘、催生娘娘、子孙娘娘、注生娘娘、保生大帝等神明；关于结婚红事就有合八字、定亲帖、传庚帖、办酒席、闹洞房等礼仪规范；另有避煞辟邪、算命看相、丧礼做斋等具体而微的信仰表达方式。从国家层面来看，则有承载主导国家祭祀的天坛与官庙。可以说，传统中国的信仰，展现在民众生老病死的生命礼仪之中并经常性地发挥指导作用"①。在此意义上，"学术界在讨论神圣与世俗之际，特别是讨论中国信仰的时候，不少著名论断大都认为中国信仰传统及其特征中所包含的神圣与世俗之关系，并非两分，更不对立，而是世俗即神圣、神圣即世俗"②。

葛兰言认为，"中国人一向认为自然界和人类社会密切相关，天人合一是中国人信仰中的重要组成部分"③。他指出：中国人的习俗并未形成一套迷信体系，"每一种习俗都是刻意用来获得某一特殊好处。只有对迷信规则全面遵守

---

① 吴华. 信仰研究的四重逻辑与一种范式 [J]. 宗教学研究，2019（2）：274.
② 李向平. "神圣"宗教社会学研究刍议 [M] // 金泽，李华伟. 宗教社会学（第六辑）. 北京：社会科学文献出版社，2020：11.
③ 葛兰言. 中国人的宗教信仰 [M]. 程门，译. 贵阳：贵州人民出版社，2010：14.

才是有效的;这些规则构成了一系列古老习俗,而遵守者也可以由此避免潜在的危险"①。中国人的生活中包含着带有宗教性质但又很难定义的行为。有人认为中国人缺乏宗教精神,"因为他们觉得只有崇高信仰才算是宗教精神。但实际上,中国人并不缺乏宗教精神,只是它表现为另一种形式。这种宗教精神的根本在于对传统道德价值观念深信不疑,它精致深邃,激励着每一个人"②。李向平认为,信仰对于中国人来说比较费解:似乎与宗教有关,又似乎与宗教无关。"中国文化对世界的根本态度,是信仰一个超越的本原。然而,对于宇宙及历史是否体现一种确定不移的神圣计划,与其说有一种确认的信仰,毋宁说持一种未知或不可知的敬畏之心。所以在对于超越界的信仰情怀上,独具中国民族的性格。其特点是并不确信或探究神圣意志的结构,以制度的形式来表达人与神圣意志的交通,以此反复加强对神圣意志的确认和信仰;同时亦不以可确证交通的方式探究其结构,而仅仅满足于敬拜、冥思、敬而远之、敬而用之、思而修身,进而导致中国信仰的现实呈现,不得不依赖于世俗的社会结构甚至是权力制度的刻意安排。单纯的信仰无法获得宗教的表达。"③通俗地说,中国传统信仰处于一种与神圣性若即若离的状态。说有些人没有信仰,但他们却可能会去寺院捐款做善事,求佛保佑自己发财;说他们有信仰,他们又没有对超越性的、神圣性的信仰对象的探究动力,仅仅满足于与超然的神秘力量做交换的逻辑。2019 年 7 月,笔者到昆明开会。和出租车司机聊起来寺院,司机说有个盘龙寺,据说很灵,香火很旺,有人专门从外地坐飞机到盘龙寺烧香许愿。这种"很灵"的寺院对于香客的吸引力就是一种信仰的表达方式。李峰认为,中国传统社会的信仰结构可以概括为:"儒家信仰是整个社会的信仰内核,由此构成中国社会文化与信仰的大传统,但基于区域性以及血缘性,民间社会又形成自己的小传统,而社区信仰则是小传统的核心构成,或是一家族之祖先崇拜,或是某一地方神崇拜,它们各自发挥着整合家族、地区关系的功能。"④

由于现实生活中民间信仰信奉者的信仰心理、信仰习惯、信仰感情与真正

---

① 葛兰言. 中国人的宗教信仰[M]. 程门,译. 贵阳:贵州人民出版社,2010:154.
② 葛兰言. 中国人的宗教信仰[M]. 程门,译. 贵阳:贵州人民出版社,2010:154.
③ 李向平. 私人信仰与社会结构的变迁——中国信仰的社会学解读[J]. 探索与争鸣,2006(9):5.
④ 李峰. 作为社会关系投射的宗教信仰方式:从先入为主到扎根社会[M]. 金泽,李华伟. 宗教 社会学(第六辑). 北京:社会科学文献出版社,2020:47.

的宗教信众并无根本区别,且在数量分布上较制度性宗教更难统计,民间信仰呈现出多元化、复杂性、功利性、地域性、时代性的特点。例如,"在白族地区,本主信仰相当普遍。有人说,有好山好水的地方,就有白族人居住;有白族人居住的地方,就有本主信仰。这话不无道理。"[1] 民间信仰从崇拜对象角度,大致可以分为自然崇拜、神灵崇拜、祖先崇拜三种类型。自然崇拜是人类社会发展史上最为普遍的一种共同信仰形式,也是人类社会最为古老的一种信仰。在科学、理性不发达的时代和地区,人们对于变幻莫测、庞大而神秘之自然界的规律和现象无法理解,更无法支配,认为存在着一种超自然的力量支配着自然界和人的命运,这种力量就是神,即"自然神"。崇拜对象不仅包括天、地、日、月、星辰、风、雨、雷、电、云、水、火、山、石等,还包括各种动植物。对巫术和鬼神的信仰即神灵崇拜。巫在原初意义上具有两种品格:一是祈娱神灵,二是祭祀祖先。祈雨作为自然崇拜的一种表现形式,在20世纪上半叶的中国农村仍然存在。1934年8月25日,潘光旦写过一篇《迷信者不迷》的文章,其中谈道:"近来天气亢旱,各地方祷神求雨一类的行为,几乎日有所闻。"[2] 潘光旦认为:农民的迷信往往不完全是迷信,因为,"第一,此种信仰并不是完全消极的。大家为了求雨,进城一次,游行一周,在城隍或其他庙宇里有一些团体的活动,结果,不但心理上暂时可以得一些安慰,工作上也可以引起一些兴奋。……第二,农民相信偶像和偶像所代表的神佛,不错,但此种信仰并不是无限制的,并不是绝对无条件的。有求必应的神佛固然受农民的顶礼膜拜,千求不应的神佛也许会引起大众的公愤,因而受到相当的处罚,以至于撤换。有的地方,因为求雨不灵,大众便把神佛从庙里抬出来,请他吃一顿鞭子,鞭后还要游街示众。有的地方用放火烧庙来威胁它。……由此可知此种的神道观是始终以人的福利做出发点的。假若一个神道不能给人福利,那就得退避贤路,甚至于要在人的手里受到责罚才走得脱。我们可以说这是人自己寻自己的开心,是一种很傻很幽默的行径"[3]。潘光旦认为,对待偶像的态度说明了一个民族的民族性:偶像打不破——打破了就没有生命,但对偶像也不宜

---

[1] 杨亮才.茶马古道白族本主文化[M].昆明:云南人民出版社,2014:1.
[2] 潘光旦.守住灵魂的底线[M].南京:江苏人民出版社,2018:191.
[3] 潘光旦.守住灵魂的底线[M].南京:江苏人民出版社,2018:191-192.

太认真——太认真了,生命的痛苦也就从此开始。"一个能在这两个极端之间游刃有余的个人或民族便是一个健全的个人或民族。我们对于中国的大众,始终没有觉得失望,这就是一个很大的理由。你还要说他们迷信么?我们不。"①费孝通探讨过"驱鬼"这种巫术的功能,认为:"驱鬼,实际上却是驱除了心理上的恐惧。鬼有没有是不紧要的,恐惧却得驱除。"②

在宗法观念浓厚的中国传统社会,祭拜祖先、告慰亡灵是广大百姓生活中最为普遍和重要的风俗习惯。人们认为祖先会在冥冥之中保护家族,后人亦可从祖先那里获得恩庇保佑。平民百姓的祭祖,一般是在清明节、祭祖节(中元节、农历十月初一、冬至)及亲人祭日举行一些诸如烧纸钱、送寒衣等略带迷信色彩的活动。

另外,国家祭祀与民间信仰有很多重合的因素,二者并非绝对排斥的关系。"我们不能说,凡是在国家祭祀系统中的信仰对象或活动都不算是民间信仰。古代社会上下阶层的祭祀基本上拥有相同的价值观,国泰民安、风调雨顺与民众个人的幸福并没有根本的冲突,而只是应用上的差别。如天、地、五帝、山川河流等,既是国家祭祀的对象,也是民间信仰的对象。"③

信仰是文化的核心部分。无论是宗教信仰,还是非宗教信仰,都会反作用于社会。中国传统社会中的信仰为其信仰者提供了信仰资源,发挥着其他文化形式无法替代的社会功能。在中国传统社会,儒家信仰对于个人、群体、社会、国家都发挥着主流的引导、规范、调适作用。在宗教信仰中,佛、道信仰作为儒家信仰的辅助,与儒家学说如一体两翼般共同构成了中国传统文化的基本结构,发挥着其对社会稳定和发展的重要作用。其他类别的信仰也因时空的不同对其信众有不同的作用,进而对社会有不同的或正或负的影响。对这些影响、功能要放到具体历史条件中去研究,从而做出客观、科学的判断。

---

① 潘光旦. 守住灵魂的底线 [M]. 南京:江苏人民出版社,2018:192-193.
② 费孝通. 乡土中国 [M]. 乡土中国 生育制度 乡土重建. 北京:商务印书馆,2017:88.
③ 廖小东. 政治仪式与权力秩序——古代中国"国家祭祀"的政治分析 [M]. 北京:中国社会科学出版社,2014:187.

第三章　丝绸之路与信仰传播

○ 冯　波

2016年4月29日下午，中共中央政治局就历史上的丝绸之路和海上丝绸之路主题进行第三十一次集体学习。中国社会科学院边疆研究所李国强研究员进行了专题讲解并谈了意见和建议。习近平在主持学习时强调："一带一路"建设是我国在新的历史条件下实行全方位对外开放的重大举措、推行互利共赢的重要平台。"一带一路"倡议的提出，顺应了时代要求和各国加快发展的愿望，具有深厚的历史渊源和人文基础，符合我国经济发展内生性要求，也有助于带动我国边疆民族地区发展。"一带一路"建设旨在以文明交流超越文明隔阂、文明互鉴超越文明冲突、文明共存超越文明优越，推动各国相互理解、相互尊重、相互信任，构建人类命运共同体。构建人类命运共同体的重要战略思想，是习近平着眼于人类发展和世界前途提出的中国理念、中国方案，反映了当代社会的共同价值追求，为人类社会实现共同发展、持续繁荣、长治久安绘制了蓝图，对中国和平发展、世界繁荣进步都具有重大而深远的意义。追溯"一带一路"和人类命运共同体的历史渊源和人文基础，唐朝的丝绸之路是不可逾越的历史记忆。"丝绸之路对于人类文明的最大贡献，是沟通了不同国家、不同民族之间的交往，也促进了东西方双向的文化交流。"[①]"众所周知，当我们提及古代中国，唐朝的影响最大。全世界有华人的地方都有唐人街。有些美国人喜欢把唐朝比作现代的美国，把唐朝的长安比作美国的纽约。这种说法反映了在文明交流的历史上，唐朝已经达到了世界的高度。"[②]

---

① 荣新江. 丝绸之路与东西方文化交流［M］. 北京：北京大学出版社，2015：3.
② 荣新江，等. 唐：中国历史的黄金时代［M］. 北京：生活·读书·新知三联书店，2021：120.

佛教传入中国的历史过程，体现了中外文化交流的格局，丝绸之路在其中扮演着重要的媒介作用。"佛学自两汉之际传入中国，经过长期的演化和融合，终于成为中国文化的组成要素，在中国文化的发展史上留下了浓墨重彩的一笔。"① 佛教文化是中国传统文化的重要组成部分，在中华文明悠远的传承与发展过程中，佛教及其佛学思想在中国政治、社会的历史舞台上扮演了重要的角色，而且这种影响一直持续至今。佛教已融入中国文化、炎黄子孙的血液中，其他外来宗教达不到这样的程度。从世界范围看，不同宗教、同一宗教不同派别之间的对立，往往会引发宗教冲突。但中国佛教史的主流是不同信仰之间的融合、共处。

《佛教征服中国：佛教在中国中古早期的传播与适应》② 一书以丰富的资料论述了佛教与中国文化相适应的过程。例如，中国过去的主流文化中，只有生，没有死（死后为鬼）。儒家传统是入世的，着力于对现世人生的关注：未能事人，焉能事鬼？孔子对鬼神的态度是敬鬼神而远之。佛教的引入，使人对死后的世界有了认识。作者认为：佛教从初传到在中国经历了本土化过程被改造成为中国化佛教，至少经历了三四百年。东晋慧远以前的中国早期佛教，是一部中国人如何回应佛教这种外来文化的历史，同时也是一部中外僧人如何同化两种不同文化的历史。作者以翔实的史料、独特的视角重现了这段激荡人心的历史画卷，叙述了公元四、五世纪初中国南部和中部地区佛教的特点，剖析了佛教在当时中国传播的社会背景，特别是当时的夷夏关系、政教关系和佛道关系，反映了当年中外僧人的弘法生涯。该书的结论是：佛教在中国的传播和调整过程中克服了种种困难得到了发展。洪修平也指出："中国佛教特点和精神的形成过程及规律对于今天认识文化交流与文化精神之间相互作用的关系、谋求不同文化之间的和谐共存与协调发展具有启迪意义。中国佛教的特点和精神是外来佛教在与中国传统儒道等思想文化碰撞、冲突、交流到最终共存、融合过程中形成的。"③ 上述中外学者对佛教中国化的研究殊途同归。

汉传佛教，又称汉语经典系佛教或汉地佛教，以大乘佛教为主（虽然也有

---

① 江荣海.中国政治思想史九讲 [M].北京：北京大学出版社，2012：228.
② 许理和.佛教征服中国 [M].李四龙，裴勇，等译.南京：江苏人民出版社，2005.
③ 洪修平.中国佛教与佛学 [M].南京：南京大学出版社，2016：295.

小乘传承，但多为大乘所融摄），主张自觉觉他。其经典属汉文系统。较印度佛教的偏出世而言，汉传佛教更有积极入世的倾向。印度佛教追求成佛，汉传佛教主张先从做人开始。汉传佛教的宗派佛教都自成理论体系，如华严宗、天台宗、净土宗、禅宗。在信仰层面，"家家弥勒佛、户户观世音"——观音、弥勒在中国民众中被广为知晓，中国的神灵信仰结构以菩萨为主体。在这方面，汉传佛教不同于印度佛教。印度早期佛教的神灵信仰结构为：罗汉、菩萨、佛。汉传佛教与印度佛教的外在不同，还体现在出家人托钵、袈裟、佛教建筑、造像形态等方面。在内在性方面，中国佛教区别于印度佛教的重要特点是：重自性、重现实、重禅修、重顿悟、重简易、重圆融。重圆融的特点与中国文化固有的包容性相互成就。有个小故事很能说明中国化佛教重圆融的特点。一天，一位长老出门去看朋友，临行前把花放门口。等他回寺院后，见花盆倒了。一个小和尚向他告状：某某踢倒了花盆；另一个替踢花盆的说情。长老均点头称是。第三个小和尚认为长老搞折衷，不对。老和尚说：你说得也对。

冯友兰认为：佛教在中国的发展经历了格义、教门、宗门三个阶段——从翻译佛教经典到形成以不同的佛教经典为主要教义的各种派别，再到不以佛教原始经典为根据而是直接把握佛教思想的禅宗。在汉代，佛教最初被视为黄老神仙方术之一而为汉文化所容受，当时不知佛教教义。佛经的大量翻译始于东汉桓帝（146—167年）时到中国的安世高[①]和汉灵帝时的支娄迦谶（传大乘般若学）。安世高虽以传译《安般守意经》等小乘经典为主，介绍佛教的一些基本原理和修行方法，但其译籍中已有大乘经典。东汉光和二年（179年），支娄迦谶译出《道行般若经》。佛教的传入与丝绸之路密切相关。换言之，佛教在中国的传播及其与中国文化的碰撞、被中国化等都和丝绸之路有关。汉传佛教经由两条路径传入中国：其一，由古印度经西域传入中原地区；其二，由南印度经海路传至中国南方。

[①] 汉魏时代，中原人称呼外国僧人往往在其名字前加上国名的简称为其姓氏。如印度简称为"竺"，安息简称为"安"，康居简称为"康"，贵霜简称为"支"。

一、丝绸之路的开辟与命名

"秦始皇筑长城御匈奴,耗尽了民力,造成了深重的社会危机。汉击败匈奴,置安西都护府,是国力臻于顶点的象征,又是由鼎盛趋向衰落的转折点。"① 安西都护府的设置与张骞出使西域有关。汉武帝时期的名将张骞一生最大的功绩是两次出使西域②,为开辟丝绸之路有着卓越贡献。张骞出使西域的缘起和显功能是:汉武帝在审问匈奴降人时得知月氏与匈奴为世仇,为匈奴所败后向西逃窜,一直怨恨匈奴;他认为对付匈奴需要帮手,决定派张骞到西域去联络月氏共击匈奴。但是张骞出使西域的潜功能之一则是为佛教传入中国创造了必要条件。

"月氏是第一个见诸我国古代史乘,由我国向西迁出,建国于遥远的西方的民族。"③ 月氏,又称月支或大月氏,为游牧部落。"随畜移徙,与匈奴同俗。"他们究竟是什么民族,史无明文。西迁前,月氏居于祁连山与天山之间,即今甘肃西部至新疆东部一带。"公元前140—前130年间,大月氏越阿姆河而南,征服了希腊化的大夏王朝。"④ 月氏西迁后在中亚建立贵霜王朝,但我国史籍习惯上称之为月氏。月氏人建立贵霜王朝后被称为吐火罗人。西汉建元三年(公元前138年),张骞出使西域,在河西地区为匈奴所俘获,被送到漠北匈奴单于处,但单于没有虐待他,还安排他娶妻生子。十余年后,匈奴人对张骞放松看管,张骞寻机从匈奴逃脱。他不忘初心、使命,找到月氏,极力劝说他们和汉朝联合,共同打击匈奴。但月氏人定居大夏后,觉得当地土壤肥沃、物产丰富,很满足,不愿意再与匈奴为敌。张骞第一次出使西域没有实现联络盟友共搞匈奴的目标,只得返回。归途中,他经过新疆南部,再次被匈奴抓获。但他又一次逃了出来。这次出使历时14年。公元前119年,汉朝军队向匈奴发起进攻并取胜,迫使匈奴远徙。为巩固战果,汉武帝派张骞再次出使西域,目的是劝说与匈奴有矛盾的乌孙迁回河西故地,与汉朝共同对付匈奴。但也没有成功。张骞是中国历史

---

① 刘迎胜. 丝绸之路 [M]. 南京:江苏人民出版社,2014:11.
② 西域有大大小小几十个国家。
③ 刘迎胜. 丝绸之路 [M]. 南京:江苏人民出版社,2014:56.
④ 刘迎胜. 丝绸之路 [M]. 南京:江苏人民出版社,2014:34.

上伟大的探险者。他出使西域以后，带动了很多曾经跟随他出使的下级官吏后来继续出使西域。由此，西域与中原建立了密切的联系，西域历史成为中国历史的一部分，中亚草原成为连接中国和西方文明的桥梁。"如果说波斯帝国对中亚的征服，使从中国到欧洲和北非的丝绸之路的中段，即从中亚到地中海东岸的交通线变得更加通达的话，那么亚历山大东征又使欧洲与中亚建立了联系。至此，丝绸之路的中段和西段部分已经畅通无阻。"①"月氏、乌孙的西迁和张骞的出使又使这条交通线向东伸及中原。到这时我们可以说丝绸之路已经全线贯通了。"②

丝绸之路起源于世界各文明中心的相互吸引，它是指东起我国、西至北非和欧洲的古代商路，总长7000公里。这是一条连接欧亚大陆经贸往来之路，在史料记载的官方贸易之外的民间贸易领域发挥了非常重要的作用。同时，丝绸之路也是一条佛教及其信仰传播、书籍传播、思想传播之路。最初，丝绸之路即中国通向外面的路，没有一个词作为所有路的统称。1877年，德国地理学家李希霍芬到中国来考察时给出了这条路的一个定义。他认为丝绸之路是汉代中国和中亚南部、西部及印度之间以丝绸贸易为主的交通路线。此后，他的弟子斯文赫定、斯坦因等人考察丝绸之路，又丰富了丝绸之路的内涵。19世纪末20世纪初，中国西部从地理发现时代进入考古发现时代，一系列为挖掘宝藏而来的探险家的考古发现印证了李希霍芬讲的丝绸之路。1910年，德国的另一位历史学家赫尔曼研究了中国和叙利亚之间的古代丝绸之路，其论著标题用了"丝绸之路"概念，他把丝绸之路的概念扩大到了地中海和小亚细亚，认为丝绸之路是中国古代经由中亚通往南亚、西亚以及欧洲、北非的陆上贸易交往之路。因为这条路以丝绸和丝织品为中心，所以称为"丝绸之路"。丝绸之路东边的起点，西汉时是长安（今西安），东汉时是洛阳（今洛阳）。西边各个点是走出来的：中国跟哪个地方有关联，就把这个点画到哪儿，最远到了埃及的亚历山大里亚。

二、盛唐时期的中外宗教文化交流

从地域空间方面考察中国历史上长城的作用会发现：中国古代历史一般强

---

① 刘迎胜. 丝绸之路 [M]. 南京：江苏人民出版社，2014：33.
② 刘迎胜. 丝绸之路 [M]. 南京：江苏人民出版社，2014：61.

调的是南北对抗,称长城的功用是挡住胡马铁蹄踏进农耕的土地。"长城不但是汉族人民抵御游牧民族入侵的工事,也是农耕文化区与游牧文化区的界限,可以说长城内外是两个不同的世界。按照汉初与匈奴达成的协议,'长城以北,引弓之国,受命单于;长城以内,冠带之室',受治于汉朝。世界上许多民族在历史上出于防卫目的修筑过长城,但只有中国的长城最长,历史最为久远。这与中国北方数千年来农耕文化与游牧文化的对抗历史分不开。"① 但这只是问题的一个方面——唐朝国力雄厚,修长城的目的并非是为挡胡马。长城的另一个功能是东西交通——用长城保护沿线商旅商道通畅。唐代的馆驿都和烽燧连用:有一个泉眼就会立一个烽,有一个烽就会立一个驿,馆驿用于交通往来,烽用于防御,互相组合,有保护丝绸之路的意义。"长安作为唐朝的都城以及当时世界的最大都市之一,以其政治、经济、文化中心的优越地位,恢宏而井然的城坊,容纳和吸引了全国各地以及海外的士民、商贾、僧道、使节,成为当时中国乃至世界人口最多的第一大都市。"②

中国信仰、文化的变迁和丝绸之路带来的文化传播的影响有高度的关联。由丝绸之路推动的佛教的传入推动了中印两大文化之间的交流。祆教、景教的传入则在更大范围内推动了中西文化的交流,丰富了隋唐五代文化的内容,也使盛唐文明更远地走向了西方。景教(基督教)来自罗马,伊斯兰教来自阿拉伯世界,祆教、摩尼教来自波斯,上述地区都是当时文明最发达的地区,与东方文明的中心——唐帝国,都代表着世界文明发展的最高水准。一方面,唐朝借助丝绸之路与这些国家和地区的经济往来为其宗教的东渐提供了方便;另一方面,宗教的东传也带动了中西贸易的繁荣。"丝绸之路既是经济通路,也是文化与宗教通路,两者是交织在一起的。唐朝的经济与文化由此更为丰富多彩。"③ 印度教大概是与佛教同时沿着丝绸之路传入中国的。现在在敦煌千佛洞的佛教艺术宝库和克孜尔石窟第179窟中,人们仍然可以看到印度教史诗《罗摩衍那》中"助弥猴"的本生壁画。印度教传入中国以后,中国人一般是将印度传来的信仰体系均视为佛教,不会将印度教的僧侣和佛教的僧侣区分开,甚

---

① 刘迎胜. 丝绸之路 [M]. 南京:江苏人民出版社,2014:42-43.
② 宁欣. 唐宋都城社会结构研究——对城市经济与社会的关注 [M]. 北京:商务印书馆,2009:151.
③ 牟钟鉴,张践. 简明中国宗教史读本 [M]. 北京:中国社会科学出版社,2015:224.

至将印度教的密教派别直接视为佛教的密宗。"佛教经过魏晋以来三百多年的持续发展，得到社会统治阶层的大力支持，已经形成思想、文化、经济以至政治上的强大势力。在此基础上，隋唐人加以扬弃，创造了中国古代佛教文化的高峰。作为社会统治阶层的'大族盛门'，在知识精英的推动之下，佛教被尊崇到空前的高度，得到十分广泛的弘传，形成空前强大的信仰潮流，造就了中国历史上佛教文化高度发达、成就极其灿烂辉煌的局面。"①

公元前329年，亚历山大占领粟特首府马拉康达（即今乌兹别克斯坦的撒马尔罕）。粟特人（在中国史籍中也称"昭武九姓"②人）基本活跃于中古时期。这一时期古代丝绸之路——粟特所经行的陆上丝绸之路非常繁盛、发达。粟特（Sogd），火地之意。中古时期，丝绸之路上的贸易担当者是粟特人。粟特人属于欧罗巴人种中的伊朗人种，被看作是东伊朗人，其语言即粟特语属东伊朗语③系。他们在古代生活在中亚的阿姆河和锡尔河之间的泽拉夫珊河流域（今乌兹别克斯坦全境和塔吉克斯坦、吉尔吉斯斯坦的部分地区）。这一地区是南北交通要道和文化交汇中心。《唐人传奇》中往往用"商胡"来指称伊朗种的商人，他们既指波斯，也指粟特。作为丝绸之路上的贸易担当者，粟特人以经商著称，从小就跟着父母做生意，只要有利，再远的地方都要去。在组织形式上，他们主要是以陆上队商形式东来，有自己的队商首领——萨保。"萨保"一词源于粟特文，汉文音译为"萨保""萨甫""萨宝"等。"本意是指'队商首领'，意译就是'首领'，延伸为商队所形成的聚落上的政教兼理的胡人大首领的意思。"④ 萨保同时也担任宗教领袖。粟特人是祆教徒。在对死亡的仪式上实行的是天葬：尸体都被放在一个塔上，让狗把肉吃掉，然后把骨头收拾到一个瓮棺里面，集中埋在一个地方。瓮棺的面积很小，粟特人会在上面刻一些琐罗亚斯德教的神像。"这种人死饲狗的天葬法，是祆教特有的。祆教认

---

① 冯敏．唐代沿"丝绸之路"入华粟特人的文化认同与佛教信仰［J］．法音，2017（2）：41.
② 因粟特人的祖先温王旧居祁连山北昭武城被匈奴击破，其向西越过葱岭至两河流域，子孙繁衍，分王九国，为康、安、曹、石、米、何、史、火寻、戊地等，并以昭武为姓。
③ 操原始印欧语的民族首先分为东西两支，他们使用不同的方言。以操印度—伊朗语民族为核心的雅利安人和斯拉夫人等属于东支，日耳曼人和希腊人、拉丁人属于西支。后来雅利安人又与斯拉夫人等属于印欧语东支的民族分离。
④ 荣新江．丝绸之路与东西文化交流［M］．北京：北京大学出版社，2015：230.

为狗是神圣的，人死后，以狗看尸。"① 祆祠也有救济功能和法律功能。

公元前6世纪于波斯东部创立的琐罗亚斯德教（波斯的概念，以教主名称命名）在中国又称拜火教、祆教、火祆教、波斯教。琐罗亚斯德有"黄色的骆驼"之意。琐罗亚斯德教是民间宗教，其教义来源于原始雅利安人的信仰，信奉二元论，认为宇宙原初有善、恶两种神灵。火是善神的儿子，象征着绝对和至善，因此礼拜圣火是教徒的首要义务。琐罗亚斯德教创立之后流传到亚非很多地区。公元3—7世纪，波斯人建立的萨珊王朝将其奉为国教。琐罗亚斯德教没有专门的教团传教，是有这种宗教信仰的人传到中国来的，时间是在南北朝时期——北魏、南梁以及北齐、北周各朝均有祆教传入，并得到上层统治者的支持。到唐代，祆教进一步流行：祆祠到处设立。唐朝还专门设置官职专司其教。祆教等宗教的传入，使中国内地居民的信仰更加多元化，且加速了多元文化的融合过程，使其逐渐渗透到中国传统文化和民间习俗中去。

粟特人的民族性是四海为家——有世界国家的意识，比如安禄山、史思明这类粟特人到了中国就变成中国人，到了突厥便是突厥人，到了北方的契丹便是契丹人，到印度就是印度人，到日本就是日本人。他们在粟特本土和中国东北的营州之间、在中原王朝和北方草原游牧汗国之间的夹缝地带建立了一系列聚落。有些粟特商人还深入中原王朝的都城和草原帝国的汗庭所在地。中亚的阿姆河和锡尔河是丝绸之路上东西南北的通道、文明和商业的十字路口。向南是印度，向北是游牧的突厥、柔然、匈奴等所在的地域，往东到中国，向西是波斯、罗马。从公元4世纪初到公元8世纪上半叶，粟特人在中亚到中国北方的陆上丝绸之路沿线建立了完善的商业贩运和贸易的网络。"粟特人陆续入华，并在丝路沿线建立许多据点或聚落，这种潮流在唐代继续发展并扩大。在盛唐文化博大胸襟的感召下，内外环境更为安全和开放，民族、种族界限淡漠，汉民族与少数民族之间的交往和流动不断增多，活跃的商业民族粟特人大量涌向我国，进入中原内地，其数量超过了以往任何一个历史时期。"② 简言之，"从北朝到隋唐，陆上丝绸之路的贸易几乎被粟特人垄断"③。

---

① 刘迎胜. 丝绸之路 [M]. 南京：江苏人民出版社，2014：180.
② 冯敏. 唐代沿"丝绸之路"入华粟特人的文化认同与佛教信仰 [J]. 法音，2017（2）：40.
③ 荣新江. 丝绸之路与东西文化交流 [M]. 北京：北京大学出版社，2015：234.

粟特人在唐朝进入中亚尤其是进入中国之后，受到强大的佛教文化的影响，逐渐变成了佛教徒。他们也造像——造佛像，而不是祆神像。在敦煌文献里，粟特文文献基本是从汉文佛典翻译过去的佛经（不是对印度文献或中亚的语言的翻译）。龙门石窟造像题记里列了很多人名，主要是粟特人的人名。他们是一个香行社（行会，专门卖香）的人，结社到龙门开窟造像。"在唐代前期创建佛教宗派的历史潮流中，佛经翻译是非常重要的环节，佛经翻译是佛教传播与发展的基础。汉文僧传表明，多数通过中亚语言译成汉文的早期佛典是粟特人和汉族文士合作的结果。"① 佛经讲的是印度的故事，但从龟兹到敦煌，所有的画家在墙壁上画的商人没有一个印度模样的人，因为他们从没见过印度的商人，而印度和中国的贸易都是由粟特人承担的，所以画出来的商人形象都是粟特人。文化是双向传播的：粟特人在把丝绸传到西方的同时，也向西方传播中国文化。"正如我们说粟特人是中古时期丝绸之路上各国间贸易的担当者一样，他们其实也是各种文化之间交流时的传递者。"②

探讨唐朝的政治、思想、宗教、文学等方面的历史，很难将其与外部世界绝对区分开来：作为唐朝历史乃至中国历史分水岭的安禄山叛乱是由在华胡人发动的。安禄山、史思明都是入华粟特人。安禄山和他的胡兵番将深刻影响了唐朝的政治进程。要深入探讨唐朝社会的各个层面、研究动态的唐朝，不能无视外来文明的影响。

海上丝绸之路是从广州、泉州和其他海港经马来群岛和马六甲海峡到印度科罗曼德尔海岸。"陆路是中西往来的最古老的通道，其主要工具是马和骆驼。但牲畜负载有限，费用巨大。此外沿途自然条件艰险，安全没有保障。所以当航海技术发展起来以后，海路在中西交通中所起的作用越来越重要。15世纪地理大发现以后，海路逐渐取代陆路成为东西方之间交往的主要通道。"③ 海上丝绸之路从广州等沿海口岸经南海西行到波斯的海上交通道路很早就已开通，和陆路一样久远。但波斯商船频繁来到中国东南沿海应是7世纪中叶以后。671年，唐朝取经僧义净（635—713）从广州搭波斯船启程前往印度。唐人把

---

① 冯敏.唐代沿"丝绸之路"入华粟特人的文化认同与佛教信仰[J].法音，2017（2）：39.
② 荣新江.丝绸之路与东西文化交流[M].北京：北京大学出版社，2015：239.
③ 刘迎胜.丝绸之路[M].南京：江苏人民出版社，2014：318.

波斯看作是从海上而来的商船"舶主"的代称。宗教是一个民族传统文化中保持时间最久的文化因子。波斯人的正统宗教是琐罗亚斯德教（Zoroastrianism，在中国一般被称作祆教），来到中国的大多数波斯人所信奉的宗教都是祆教。在波斯人聚集的唐朝都城长安和洛阳城内都有祆祠。西京长安（现西安）现有四座祆祠，东都洛阳（现洛阳）现有两座祆祠。因为聚集在长安和洛阳的粟特移民的正统宗教信仰也是祆教，所以尚不清楚这些祆祠是波斯和粟特人共同建立、共同祭祀的场所，还是有波斯人的祆祠和粟特人的祆祠之分。波斯本土和粟特地区的琐罗亚斯德教虽然基本教义一致，但在宗教仪式等方面又有所不同。

"初、盛唐是中国古代从未有过的一个风流、浪漫与自信的时代，从贞观四年（630年）三月'诸蕃君长诣阙，请太宗为天可汗'起，中国长达几个世纪的分裂、战争、民族危机、社会混乱给人们带来的彷徨、失望、颓废心理便真正地烟消云散了。四夷臣服、物阜民安、政治开明的盛世现实，引起了人们文化心理氛围的变化，人们仿佛从憋气的小黑屋里走了出来，猛然看见大千世界的阳光明媚，草木葱茏，不免手舞足蹈，又不免有些眼花缭乱，对于人生充满了自信、坦然和兴奋，也许还稍稍有些儿迷狂。"[①]唐朝——特别是会昌法难（845年）以前的唐朝，是富有世界主义（cosmopolitanism）精神的。"安史之乱使得许多粟特人蒙受打击。他们纷纷向河北三镇转移，寻求新的生存之地。"[②]"'安史之乱'在唐由盛转衰的过程中所起的作用，最明显不过地表现出唐代北方民族与汉族之间综合实力对比的变化。"[③]

总之，在具有世界主义精神的中国盛唐时期，丝绸之路伴随着信仰的传播、文化的交流，使得唐朝的宗教、文化具有鲜明的多元主义性质，并且各宗教、文化间互相交流、互相影响。伴随会昌法难断绝了"三夷教"[④]（祆教、景教、摩尼教）在中原地区的流行而来的是外来民族逐渐融入中国社会，中国逐

---

① 葛兆光.道教与中国文化[M].上海：上海人民出版社，1987：169.
② 荣新江.丝绸之路与东西文化交流[M].北京：北京大学出版社，2015：80.
③ 刘迎胜.丝绸之路[M].南京：江苏人民出版社，2014：11.
④ "三夷教"，指起源于古代波斯、叙利亚又先后传入我国内地的三个宗教——祆教、景教、摩尼教的总称。三夷教都有崇尚光明的特征。曾经分别在长安、洛阳以及东南沿海地区建立景教寺、祆祠和摩尼寺进行传教活动，一度盛行、流传长达200年以上。

渐失去了唐朝前期以来所具有的世界主义精神。尽管如此,"我们仍然应当高度评价唐朝时期中国所具有的世界主义精神,唐朝的外来文化对中国社会生活和文学艺术的影响毕竟持续下来,世界主义的影响使得唐朝以后的中国也不再是唐朝以前的中国了"[1]。另外,三夷教的"先后陨灭,从反面说明了外来宗教中国化是其获得生存与发展的唯一途径"[2]。

---

[1] 荣新江.丝绸之路与东西文化交流[M].北京:北京大学出版社,2015:80.
[2] 夏金华.中古时期三夷教的消亡与外来宗教中国化的路径选择[J].华东师范大学学报(哲学社会科学版),2019(1):123.

第四章　当代中国社会信仰结构及其对社会的作用

○冯　波　肖　明　马　杰

1949年中华人民共和国的成立标志着社会结构的全方位转型。相应地，信仰结构也随着社会的变迁而发生了变迁。在新中国成立以来的70年历程中，信仰结构也有一个变迁的历程：从中华人民共和国成立到改革开放之前，中国社会的信仰特征为总体性、统一性信仰，人们无一例外地崇拜毛主席，认同官方宣传的主导、主流信仰。那是一个政治挂帅的年代，信仰也被打上了时代的烙印。宗教信仰在那个时期一度被人为消灭，处于一种隐没的状态。改革开放后，随着宗教政策的落实，宗教信仰恢复为私人的信仰，在不与主文化相冲突的前提下有其存在的空间。改革开放以来，中国社会经历了深刻、全面的变化，中国人的思想观念、信仰结构也由单一向多元转化，狂热的政治崇拜已成为过去式，成为记忆里追思的一部分。

一、当代中国社会主流信仰及其对社会的作用

当代中国社会主流的信仰——主文化提倡的信仰是马克思主义信仰、共产主义信仰。共产主义信仰、马克思主义信仰是中国共产党人的信仰。这是中国共产党人持续、一贯的信仰。

（一）马克思主义的精神实质

2018年5月4日上午，习近平《在纪念马克思诞辰200周年大会上的讲话》[①]中回顾了马克思的生平，强调了马克思的人格魅力和马克思主义的精神实质。他在讲话开篇即谈道："我们怀着十分崇敬的心情，在这里隆重集会，纪念马克思诞辰200周年，缅怀马克思的伟大人格和历史功绩，重温马克思的崇高精神和光辉思想。"在这篇讲话中，习近平从马克思的生平、伟大人格谈到马克思主义理论的基本内容、特征，从而逻辑地引申出中国化的马克思主义对马克思主义的继承和发展问题。特别是："在新时代，中国共产党人把马克思主义基本原理同新时代中国具体实际结合起来，团结带领人民进行伟大斗争、建设伟大工程、推进伟大事业、实现伟大梦想，推动党和国家事业取得全方位、开创性历史成就，发生深层次、根本性历史变革，中华民族迎来了从富起来到强起来的伟大飞跃。这一伟大飞跃以铁一般的事实证明，只有坚持和发展中国特色社会主义才能实现中华民族伟大复兴！"这篇讲话将马克思、马克思主义、中国化的马克思主义、习近平新时代中国特色社会主义思想贯穿在马克思主义发展的历史脉络中，实现了历史的、逻辑的统一，对于我们理解马克思主义中国化的"前世今生"和在理论、实践上进一步领会和实践习近平新时代中国特色社会主义思想有重要引导作用，也对理解马克思主义信仰有重要作用。

马克思主义是以创始人的名字命名的学术流派，更是指导全世界无产者进行无产阶级革命的强大思想武器。习近平指出："马克思是全世界无产阶级和劳动人民的革命导师，是马克思主义的主要创始人，是马克思主义政党的缔造者和国际共产主义的开创者，是近代以来最伟大的思想家。"作为伟大的革命导师，马克思有他特有的人格魅力。习近平从四个方面概括了马克思的伟大人格。

首先，"马克思的一生，是胸怀崇高理想、为人类解放不懈奋斗的一生"。马克思在中学就确立了"为人类而工作"的人生目标，这一目标支撑了他不畏

[①] 习近平：在纪念马克思诞辰200周年大会上的讲话.习近平论中国共产党历史.[M].北京：中央文献出版社，2021：193-212.以下相关引文均出自此篇文献。

艰难、矢志不渝地为无产阶级的解放事业呕心沥血的一生。一个人的生命历程会经历很多事情，但经历了什么、走的轨迹如何，是和他的人生目标选择有决定性关联的。马克思的生命历程向后人证明了他的中学毕业作文中所说的："如果我们选择了最能为人类而工作的职业，那么，重担就不能把我们压倒，因为这是为大家作出的牺牲；那时我们所享受的就不是可怜的、有限的、自私的乐趣，我们的幸福将属于千百万人，我们的事业将悄然无声地存在下去，但是它会永远发挥作用，而面对我们的骨灰，高尚的人们将洒下热泪。"这样的人生目标是真正的马克思主义者共同的目标。当代中国共产党人通过回顾马克思的崇高人生目标和他奋斗的一生之间的联系，也会从中受到精神的洗礼、激励。

其次，"马克思的一生，是不畏艰难险阻、为追求真理而勇攀思想高峰的一生"。确立了目标之后，实现目标的过程是艰辛的。马克思没有被困难压倒。他在生活上是贫困的，政治上是被当时的主流社会排斥的，但为了无产阶级解放事业，他毕生都在忘我地做着研究，马克思主义的创立是建立在马克思坚持不懈、勤奋研究基础上的。求真，付出了如马克思般的代价，马克思的生平足以教育当代中国共产党人：为了探求真理，付出任何代价都应该在所不惜。

再次，"马克思的一生，是为推翻旧世界、建立新世界而不息战斗的一生"。马克思对资本主义社会进行了无情的批判，对私有制社会进行了彻底否定。打碎旧世界、建立新世界，是马克思针对资本主义的社会病开出的"药方"。不同于马克思同时代的其他社会学家对社会现状、社会变迁的判断和预测，马克思从实践的立场出发，依据唯物史观和剩余价值论，得出了资本主义必然灭亡、共产主义必然胜利的结论。他还在无产阶级革命实践方面做了最早的科学社会主义性质的努力和尝试。马克思的理论和实践构成了马克思主义宝贵的精神遗产和实践资源。

最后，"马克思是顶天立地的伟人，也是有血有肉的常人。他热爱生活，真诚朴实，重情重义"。马克思的人格是伟大的。但他不是神，他也是普通、有血有肉的人。他和恩格斯的友谊、和燕妮的爱情、对子女的爱，都构成了他生命历程里亲切、温情的感性元素。伟大的人格和温情的丈夫、慈爱的父亲、真诚的朋友等多重人格要素整合为马克思的人格魅力。

在马克思诞辰 200 周年之际,回味马克思的人格魅力,对于理解马克思主义的创立过程有重要意义。"马克思给我们留下的最有价值、最具影响力的精神财富,就是以他名字命名的科学理论——马克思主义。这一理论犹如壮丽的日出,照亮了人类探索历史规律和寻求自身解放的道路。"关于马克思的精神遗产是什么,马克思主义的精神实质是什么,中外马克思主义者给出的答案不尽相同。在西方马克思主义者中,有的强调马克思早年的思想(如异化理论);有的强调要用结构主义的方法解读马克思的著作;有的强调马克思和恩格斯的不同;有的强调马克思的方法论——整体性和批判性。习近平的讲话代表了当代中国化的马克思主义者提供的答案:马克思主义是科学的理论,创造性地揭示了人类社会发展规律;马克思主义是人民的理论,第一次创立了人民实现自身解放的思想体系;马克思主义是实践的理论,指引着人民改造世界的行动;马克思主义是不断发展的开放的理论,始终站在时代前沿。科学、人民、实践、开放是马克思主义的精神实质。"一部马克思主义发展史就是马克思、恩格斯以及他们的后继者们不断根据时代、实践、认识发展而发展的历史,是不断吸收人类历史上一切优秀思想文化成果丰富自己的历史。因此,马克思主义能够永葆其美妙之青春,不断探索时代发展提出的新课题、回应人类社会面临的新挑战。"在马克思主义的开放性中蕴含着中国共产党人根据中国革命和建设实践需要,运用马克思主义的立场、观点、方法,创造性地继承和发展马克思主义、形成中国化马克思主义的逻辑基础。

(二)马克思主义是一种信仰

马克思主义者、无产阶级革命家、共产党员有信仰,但这种信仰不同于宗教信仰。"有位哲学家说过,如果我们信奉一种哲学学说,我们有权利追问我们为什么应该相信它。的确,信仰需要有充分的理论依据和逻辑论证,要有经得起反驳的理由。没有理由的信仰是盲从;没有真理性的信仰,往往陷入迷信。马克思主义者信仰马克思主义,因为它是一个经过严密理论论证的、经过实践检验的科学理论体系。它既是科学理论,又是理想信仰"。[①] 共产党员

[①] 陈先达. 马克思主义信仰十讲[M]. 北京:人民出版社,2018:21.

不得信仰宗教、参加宗教活动。因为共产党员信仰宗教、参加宗教活动，违背党的性质，破坏党的战斗力，降低党在人民群众中的威信，是关系到共产党的性质、永葆先进性、纲领和目标能否实现的大问题，是党纲、党章所决不能允许的。

有人认为，马克思主义是一种学说，不是一种信仰，否则它就和制度性宗教没有区别了。实际上，"马克思主义当然是科学学说，但对以马克思主义为指导的共产党来说，对马克思主义者和一切反对资本主义制度的革命者来说，马克思主义学说可以成为一种信仰。这里所说的信仰，就是行为准则、理想追求、价值目标"①。

如果承认马克思主义是一种信仰，那么，马克思主义信仰是否是一种宗教信仰？答案是否定的。"马克思主义的信仰，是以事实为依据的信仰，是建立在规律基础上的信仰；宗教信仰是建立在'信'的基础上的信仰。我'信'因而我信仰。宗教信仰不追问'为什么可信'，而是'信'；科学学说不是问'信什么'，而是要问'为什么可信'。"②葛兰西曾经比较过共产党与原始基督教时期的教会之差异，认为："罗莎·卢森堡、卡尔·李卜克内西是比最伟大的基督教圣徒还要伟大的人物。正是由于他们创业的目标是具体的、人道的、有限的，工人阶级的战士比为信仰上帝而斗争的勇士更伟大：向他们的意志提出的目标愈明确，支持他们的道义力量就愈无限。"③

（三）共产党人安身立命之本

习近平指出："坚定理想信念，坚守共产党人精神追求，始终是共产党人安身立命的根本。对马克思主义的信仰，对社会主义和共产主义的信念，是共产党人的政治灵魂，是共产党人经受住任何考验的精神支柱。形象地说，理想信念就是共产党人精神上的'钙'，没有理想信念，理想信念不坚定，精神上就会'缺钙'，就会得'软骨病'。现实生活中，一些党员、干部出这样那样

---

① 陈先达.马克思主义信仰十讲［M］.北京：人民出版社，2018：26.
② 陈先达.马克思主义信仰十讲［M］.北京：人民出版社，2018：30.
③ 葛兰西.葛兰西文选［M］.李鹏程，编.北京：人民出版社，2008：65.

的问题,说到底是信仰迷茫、精神迷失。"① 这段话形象、准确地说明了当代中国社会主流信仰对共产党人和对社会的作用。中国共产党是执政党,中国共产党人靠坚定的信仰取得了中国革命的胜利,在新时代中国特色社会主义建设征程上,还是需要靠坚定的信仰才能带领中国人民走向中华民族的伟大复兴、促进社会发展!

很多优秀共产党员具有坚定的共产主义、马克思主义理想、信念,成为社会主流信仰的突出代表,带领群众沿着中国特色社会主义道路前进,取得了可喜的成果。例如,常德胜即坚守共产党人精神追求的典范之一。常德胜,1944年7月出生,江苏常熟人,1966年5月加入中国共产党,江苏省常熟市支塘镇蒋巷村党委书记,获得过全国优秀共产党员、全国劳动模范、全国第三届道德模范、全国创业之星、全国十佳村官、江苏省道德模范等荣誉称号,曾经当选为中国共产党第十六、十八次全国人民代表大会代表。蒋巷村获得了全国文明村、全国民主法治示范村、国家级生态村、全国新农村建设示范村、全国农业旅游示范点、全国乡村旅游模范村、全国敬老模范村、全国特色景观旅游名村等多项荣誉称号。常德胜是村民致富、过上幸福生活的带头人。笔者曾于2015年8月28日跟随景天魁先生带领的调研组到蒋巷村实地参观,和以常德胜书记为代表的村干部进行了历时两小时的座谈交流。常德胜书记一心为村民、村里着想,以"天不能改、地一定要换"的豪情壮志,在吃透党的路线、方针、政策的精神并对其坚决执行、落实到位的前提下,经过艰苦、曲折的奋斗历程,终于带领村民走上了幸福之路。在他的带领下,蒋巷村人发扬"团结拼搏、务实创新"精神,几十年如一日,改造恶劣的自然环境、科学种田、兴办企业,使蒋巷村摆脱了昔日"十年九涝一旱荒"的贫穷落后状态,率先实现了小康、现代化。常德胜也因此受到了村民由衷的爱戴。他曾遇车祸住院,全村人到医院去探望;到北京参加党的十六大,全村人到村口给他送行。他"40多年如一日,处处为人表率,时时为村民着想,始终受到众人的尊敬和爱戴"②。常德胜信仰共产主义,毕生追求的是为百姓谋福利,他心中

---

① 习近平.确保党始终成为中国特色社会主义的坚强领导核心(2012-11-17),习近平关于社会主义精神文明建设论述摘编[M].北京:中央文献出版社,2022:137.
② 陈培元.村官常德胜[M].香港:麒麟文艺出版社,2010:1.

装着老百姓，以全村人共同富裕为己任。他带领蒋巷村摸索出了一条"农业起家、工业发家、旅游旺家"的发展道路，打造出了环境秀美、乡风文明、村民富裕、安居乐业、全面发展、欣欣向荣的"幸福蒋巷"。在四十多年的书记任上，他从没有为自己谋过私利，几百万元奖励分文不取，数千万元股份留给村民。现在，"全村186户村民都已搬进了漂亮的别墅区，唯独常德胜一家住在任阳小镇上，这是常德胜在担任镇党委副书记时，组织上为他安排的"[1]。当初村委会在安排别墅区住房时，曾经动员常书记搬过来。但常书记说，自己已经有房住了，就不享受村里的住房优惠待遇了。常德胜在常熟市一次劳模事迹报告会上讲过："几十年的实践使我懂得了一个深刻道理，既然当了干部，做了党员，就意味着吃苦奉献，并要准备吃亏。要把群众的需要作为义不容辞的责任，要求别人做到的，必须自己首先做到，需要群众出多少力，自己一定要比群众多出力先出力，这样才能取信于民，才能有领导威信，才是一个真正的共产党员。"[2] 在他看来，没有什么追求比奉献农民更有意义。共产主义信仰从来不是空洞的口号，而是实实在在的行动。在常德胜这里体现为带领全村人民过上幸福生活。"在蒋巷村50多年的奋斗历程中，常德胜始终保持共产党人的本色，始终秉持着心系百姓、造福百姓的赤子情怀。"[3] 走进村里的别墅区和养老院，看看村边的稻田，笔者体会到：常德胜书记的信仰不在别处，就在百姓日常之中！"农业强、农村美、农民富的美好愿望在蒋巷村一步步实现，这也是常德胜这位老党员一直以来的理想。为了这个理想，他奋斗了几十年，奉献了毕生精力，奉献了自己的全部力量。他把一个共产党人的人生答卷写在了蒋巷的大地上。"[4]

在基层有不少像常德盛这样的干部。例如马学田（1941—2016），山东省滕州市滨湖镇东焦村原村主任、书记，几十年如一日，带领村民建拦湖坎、平整街道、对村庄住房进行排房化改造，做了很多造福百姓和乡村之事。1967年

---

[1] 陈培元. 村官常德胜 [M]. 香港：麒麟文艺出版社，2010：89.
[2] 转引自：陈培元. 村官常德胜 [M]. 香港：麒麟文艺出版社，2010：93.
[3] 常德胜：共产党人的赤子情怀 [M]. 沈泽江，任红伟. 信念与奋斗. 北京：中国农业出版社，2019：200.
[4] 常德胜：共产党人的赤子情怀 [M]. 沈泽江，任红伟. 信念与奋斗. 北京：中国农业出版社，2019：211.

加入中国共产党的马学田，曾当选过山东省济宁地区（1988年以前滕州市属于济宁地区）第一届人大代表，枣庄市第九、十、十一届人大代表，滕州市第九、十、十一届人大代表；获评过枣庄市、滕州市优秀共产党员、模范共产党员。但他从不向人炫耀他的荣誉。老人去世后，儿子整理他的遗物，发现了满满一大箱的荣誉证书。他舍小家为大家，忘我地为集体、村民的事操劳，他工作的动力之一是"为了我们的子孙后代不再受苦"！这是对"为人民服务"这一党的宗旨的朴素表达，体现了马学田的信仰。时至今日，村里老人仍念念不忘他当年造福一方的很多感人事迹。马学田是乡村建设的带头人，他做事从来不是"给我上"，而是"跟我上"！他也从不畏惧困难，认准了的事，就集思广益、动员群众一起干，干出实际、干出名堂。马学田有着大公无私的品质，从不做损公肥私、损人利己、以权谋私之事。他教育子女："身正不怕影子斜，走得正，站得直！""任何单位和个人都不能搞特殊，占集体的便宜是可耻的。"要"堂堂正正做人，认认真真做事"。他注重言传身教，培养子女正直、善良、积极向上的品质。在他的儿子马杰心目中，"父亲是一位普通的共产党员，一名最基层的农村干部，他始终追随共产主义信仰，在平凡的岗位上奋斗了一生。老人临走时，住着普通得不能再普通的瓦房。他从不后悔自己的一生。虽然没有给子女留下任何财产，但给孩子们留下了宝贵的精神财富，至少孩子们走在自己老家的街道上，可以昂首挺胸"。在马学田身上，共产主义信念、马克思主义信仰体现在他扎实带领村民造福乡村的具体行动中，体现在他不顾自己的伤痛、不顾家人的需要而忘我地投入工作中，体现在他立政为民不为己的崇高品格中。因为信仰，他和孩子们活得踏实、无愧于心！因为信仰，他赢得了村民的尊敬、爱戴！

（四）习近平新时代中国特色社会主义思想及其信仰价值

党的十九大把习近平新时代中国特色社会主义思想写到了党的旗帜上，作为开创中国特色社会主义新时代的指导思想。处于中国特色社会主义新时代的中国共产党人要坚信当代中国的马克思主义——习近平新时代中国特色社会主义思想。

与毛泽东思想、邓小平理论一样，习近平新时代中国特色社会主义思想构成了马克思列宁主义与中国实际相结合的一次历史性飞跃,是马克思主义中国化历史上的第三次飞跃。作为马克思主义中国化的最新理论成果,习近平新时代中国特色社会主义思想是党的十八大以来,在新中国成立特别是改革开放以来中国共产党推进理论创新和实践创新的基础上,以习近平同志为核心的党中央将马克思主义基本原理与新时代中国社会发展实践相结合并运用马克思主义的立场、观点、方法,聚焦新的时代命题,分析新时代中国社会发展重大问题所形成的理论成果,是全党、全国各族人民进行艰辛理论探索的成果,是全党、全国各族人民创新、创造的智慧结晶,是当代中国的马克思主义。习近平新时代中国特色社会主义思想开辟了中国特色社会主义的新境界,也开辟了马克思主义的新境界——在马克思主义发展史上贡献了中国智慧、中国方案,为新时代坚持和发展中国特色的社会主义、推进党和国家的现代化事业提供了基本遵循。

习近平新时代中国特色社会主义思想内涵丰富、思想深邃,各组成部分之间形成了有机联系,构成了一个完整的理论体系。

1. 习近平新时代中国特色社会主义思想的哲学基础及其运用

习近平新时代中国特色社会主义思想的哲学基础是马克思主义哲学。马克思主义哲学是辩证唯物主义、历史唯物主义的有机统一,是科学的世界观和方法论。习近平新时代中国特色社会主义思想建立在马克思主义哲学的基本原理基础上。

实事求是是辩证唯物主义的精髓,也是习近平新时代中国特色社会主义思想科学性的根本保证。习近平指出:"实事求是,是马克思主义的根本观点,是中国共产党人认识世界、改造世界的根本要求,是我们党的基本思想方法、工作方法、领导方法。"[1] 实事求是的必然要求是重视调查研究,所以习近平强调要在全党大兴调查研究之风。"调查研究是谋事之基、成事之道,没有调查就没有发言权,没有调查就没有决策权。调查研究是我们做好工作的基本功。"[2] 只有坚持实事求是,一切从实际出发,才能制定出科学的治国理政方略,推进新时代中国特色社会主义事业。实事求是地判断中国特色社会主义现状,立足于新时

---

[1] 习近平谈治国理政 [M].北京:外文出版社,2014:25.
[2] 习近平.在党的十九届一中全会上的讲话 [J].求是,2018(1).

代这一我国发展新的历史方位、历史阶段，使得习近平新时代中国特色社会主义思想有明确的社会时空指向。从时间上看，党的十八大以来，中国特色社会主义进入了新时代。从空间上看，新时代面临许多新情况、新问题、新变化。新时代呼唤着新气象、新作为。紧密联系中国特色社会主义进入新时代的新实际，制定党的各项路线、方针、政策，系统、全面地回答在新时代怎样坚持和发展中国特色社会主义的问题，是坚持实事求是这一马克思主义根本观点的体现。

对立统一规律是唯物辩证法的核心，矛盾分析方法是唯物辩证法的根本方法。毛泽东曾著《矛盾论》，用唯物辩证法关于矛盾的观点分析社会主义社会的矛盾，特别是主要矛盾、非主要矛盾及其地位、关系、作用。习近平也非常注重用矛盾分析方法分析中国特色社会主义新时代的问题。他认为："问题是矛盾的表现形式，我们强调增强问题意识、坚持问题导向，就是承认矛盾的普遍性、客观性，就是要善于把认识和化解矛盾作为打开工作局面的突破口。"①一种理论的产生，源泉只能是丰富生动的现实生活，动力只能是解决社会矛盾和问题的现实要求。新时代，中国特色社会主义现代化建设面临一系列矛盾、问题。这个时候，不能眉毛胡子一把抓。只有抓主要矛盾，才能有利于解决问题、化解矛盾。十九大报告明确指出：中国特色社会主义进入新时代，我国社会的主要矛盾已经转化为人民日益增长的美好生活需要和不平衡不充分的发展之间的矛盾。习近平新时代中国特色社会主义思想对我国社会主要矛盾深刻变化的重要判断，与邓小平理论关于我国处于并将长期处于社会主义初级阶段的基本国情判断一样，具有划时代意义。社会主要矛盾的变化决定了党和国家的主要任务和工作重心也要随之发生变化。新时代我国社会的主要矛盾是坚持和发展中国特色社会主义的主要依据。但是，次要矛盾也会影响主要矛盾，也不是可有可无的。因此，要学会"弹钢琴"。

2015年10月，在中共中央政治局召开的研究制定国民经济和社会发展十三五规划重大问题的会议上，习近平强调：必须坚持以人民为中心的发展思想，把增进人民福祉、促进人的全面发展作为发展的出发点和落脚点。其后召开的党的十八届五中全会正式将"坚持以人民为中心的发展思想"作为全面建

---

① 习近平在中共中央政治局第二十次集体学习时强调：坚持运用辩证唯物主义世界观方法论，提高解决我国改革发展基本问题本领[N].人民日报，2015-01-25.

成小康社会必须遵循的原则之一加以确定。"以人民为中心"是习近平新时代中国特色社会主义思想坚持的根本价值立场。这一立场是从历史唯物主义的群众史观中引申出来的，具有马克思主义的逻辑必然性。习近平强调："人民是历史的创造者，群众是真正的英雄。人民群众是我们的力量源泉。"[①] 坚持以人民为中心，敢于为人民担当，让人民有更多获得感、幸福感和安全感，是习近平新时代中国特色社会主义思想向人民的庄严承诺。"为人民谋幸福，是中国共产党人的初心。我们要时刻不忘这个初心，永远把人民对美好生活的向往作为奋斗目标。"[②] 在十九大报告所提出的新时代坚持和发展中国特色社会主义的十四条基本方略中，包含了"坚持以人民为中心"，并提出了坚持以人民为中心的具体措施：政治地位方面，坚持人民主体地位；党的宗旨方面，坚持立党为公、执政为民，践行全心全意为人民服务的宗旨；治国理政方面，把党的群众路线贯彻到治国理政的全部活动之中，把人民对美好生活的向往作为党的奋斗目标；依靠力量方面，依靠人民创造历史伟业。

2. 习近平新时代中国特色社会主义思想的主线是在新时代怎样坚持和发展中国特色社会主义

回顾我国改革开放以来的理论和实践历程，在中国特色社会主义理论发展史上，邓小平理论回答了"什么是社会主义，怎样建设社会主义"的根本问题。1982年党的十二大首次明确提出"走自己的路，建设有中国特色的社会主义"。1997年党的十五大将邓小平理论作为中国特色社会主义理论的初步成果列为党的指导思想。20年后，习近平新时代中国特色社会主义思想作为中国特色社会主义理论的最新形态，进一步系统、全面地回答了在新时代应该坚持和发展怎样的中国特色社会主义的问题。

坚持和发展怎样的中国特色社会主义的问题在习近平中国特色社会主义思想中贯穿始终，是主线，也是根本。在总体结构安排上，习近平新时代中国特色社会主义思想包括新时代坚持和发展中国特色社会主义的总目标、总任务、总体布局、战略布局和发展方向、发展方式、发展动力、战略步骤、外部条件、

---

① 习近平谈治国理政 [M].北京：外文出版社，2014：5.
② 习近平.在党的十九届一中全会上的讲话 [J].求是，2018（1）.

政治保证等方面的基本问题，并就经济、政治、法治、科技、文化、教育、民生和社会治理、民族、宗教、社会、生态文明、国家安全、国防和军队、祖国统一、统一战线、外交等领域做出深刻的理论分析和科学的政策指导。大政方针、发展战略、政策措施有机结合、相互支撑，且都贯穿同一主线，使习近平新时代中国特色社会主义思想形成了逻辑严谨、科学、完整的理论体系。

总之，习近平新时代中国特色社会主义思想体系博大精深，与马克思主义一脉相承。它立足于马克思主义哲学的基础，建立了一个有明确主线的完整、科学的理论体系。"理论只要彻底，就能说服人。"正因为理论体系是完整的、科学的，习近平新时代中国特色社会主义思想才能为指导新时代中国特色社会主义建设提供基本遵循，才能成为国家政治生活和社会生活的根本指针，成为当代中国共产党人的共同信仰。

二、当代中国社会非主流信仰及其对社会的作用

当代中国社会的主流信仰是马克思主义信仰、共产主义信仰。但是，信仰是多元的。中共中央组织部《2018年中国共产党党内统计公报》显示：截至2018年底，我国有9059.4万名中国共产党党员，中国共产党党员总量突破9000万。"从1921年中国共产党成立时的50多名党员，到1949年新中国成立时的448.8万名党员，再到2018年底的9059.4万名党员，近百年的奋斗历程中，中国共产党吸引力、凝聚力、战斗力不断增强，始终保持旺盛的生机活力。向党靠拢、申请入党，是无数中华儿女的梦想。党的十八大以来，全国平均每年约有390万人向党组织递交入党申请。"[①] 这些中共党员坚持的是马克思主义信仰、共产主义信念。除此以外的社会成员的信仰是多元的、非主流信仰——存在于各种亚文化中的信仰。在各种非主流信仰中，又包含了与主文化不相冲突、有社会建构意义、与社会主义社会相适应的信仰和与主文化相冲突、与社会解构有关、对新时代中国特色社会主义有负面影响、冲击的信仰。前者如各民主党派的信仰，与社会主义社会相适应、爱国爱教的各大宗教的信

---

① 中国共产党党员总量突破9000万[N].人民日报，2019-06-30.

仰（因为我国坚持政治协商制度和宗教信仰自由政策，所以在提倡主流信仰、主文化的同时，也在一定程度、一定范围内允许不和主文化相冲突、多元的信仰形式存在）。后者如各种邪教和"颜色革命"等颠覆势力的信仰。

2014年2月，习近平强调：要"深入挖掘和阐发中华优秀传统文化讲仁爱、重民本、守诚信、崇正义、尚和合、求大同的时代价值"①。"仁爱""民本""诚信""大同"等在中国传统士人那里都是作为信仰而存在的。在当代中国，治国理政者若也能以敬畏之心将仁爱、民本、诚信、正义等价值立场贯穿始终，一定会利国利民，这是儒家信仰的当代价值所在。

"中国现存宗教中，有五种宗教，即佛教、道教、基督教、天主教和伊斯兰教都得到政府的承认，其全国性组织，即中国佛教协会、中国道教协会、中国基督教三自爱国运动委员会、中国基督教协会、中国天主教爱国会、中国天主教主教团、中国伊斯兰教协会，以及相应的省、地、市、县各级组织，是1949年以后在中国共产党倡导的改革中逐步成立的，已成为中国共产党的统一战线的重要部分。"②这些宗教在与社会主义社会相适应、对信徒精神和日常生活境界进行正确引导等方面都发挥着积极作用。当然，嵌入到具体社会情境中，也存在以某种宗教为幌子（如借佛敛财），从事投机性的经济活动，使宗教成为功利主义性质的赚钱、谋生手段的社会乱象，给信徒带来精神和物质方面的双重损害。需对此进行宗教社会治理。除上述五种宗教之外的其他宗教可以分为三大类：儒教、民间宗教、新兴宗教。"它们同中国当代社会的关系和互动也是值得学术界重视并加以研究的。毕竟，回避问题并不是解决问题的办法。"③

在新兴宗教中，邪教是具有违法犯罪性质的伪宗教，其特征有：教主崇拜、精神控制、编造邪说、敛取钱财、秘密结社等，具有较强的社会危害性。截止到2009年7月，被中国政府正式定性为邪教组织的14种邪教中，有12个是打着基督教的旗号进行活动的，如呼喊派、门徒会、被立王、全能神等，并且其中多数是中国本土发展起来的（非境外传来的）。④这些邪教往往篡改

---

① 习近平．把培育和弘扬社会主义核心价值观作为凝魂聚气、强基固本的基础工程．习近平关于社会主义精神文明建设论述摘编［M］．北京：中央文献出版社，2022：23．
② 何光沪．宗教与当代中国社会［M］．北京：中国人民大学出版社，2006：2．
③ 何光沪．宗教与当代中国社会［M］．北京：中国人民大学出版社，2006：9．
④ 金泽，邱永辉．中国宗教报告（2013）［M］．北京：社会科学文献出版社，2013：9．

基督教的基本教义，大肆宣扬教主的万能，宣称世界末日即将来临，鼓吹迷信、盲从，通过洗脑欺骗、威逼利诱等手段在精神和行为上控制信徒，骗钱骗色，对不服从的信徒进行打击报复，不仅严重毒害了信教群众的心灵，侵犯了信教群众的人身、财产权益，而且造成了十分恶劣的社会影响，破坏了社会的和谐与稳定。部分邪教组织甚至具有非法的政治诉求，反对现有的社会主义政治体制，聚众攻击党政机关，对党的执政地位和政府的权威性构成冲击和挑战。因此必须加大对邪教组织的打击力度。在打击邪教方面，不仅需要政府加强监管和惩处力度，而且需要不同类型、不同层级的基督教会组织和信徒予以配合。此外，公民加强自身对邪教组织的防范和抵制能力对于打击邪教也至关重要。每一位公民都应树立科学的世界观和正确的宗教观，在对各宗教正统教义有一个基本认识的前提下，对邪教有比较明确的判断和辨别，使自己远离邪教，以免受到邪教的欺骗和伤害；对于邪教组织及其成员宣扬迷信、邪说的行为要予以制止，并向有关部门及时举报；对身边深受邪教欺骗和伤害的人，要用正确的世界观教导他们，并积极开导、劝说其退出邪教组织。这方面的形势比较复杂，对公民的素养要求较高。

　　在中国当代非主流信仰中，注意其中的风险因素是很关键的环节，因为信仰这一文化事实是非常复杂的现象，并不是非黑即白那么简单，文化相对主义和文化中心主义都是有失偏颇的态度。"中国的文化土壤难以产生和接受纯粹的宗教，也不适合极端的邪教生长发育，这种中庸特质一方面可能体现出通过融合而产生的高度创造性的成果，也可能导致由于抹杀了外来文化的本质而带来的不伦不类和普遍平庸，既会产生中国禅宗这样的伟大创造，也会促生'大乘教'之类的怪胎，既有大肚弥勒这样的博大、宽厚、乐观的形象，又有白衣弥勒之类的妖妄、迷信、邪僻的异类。如何发扬民族精神的优点，限制并铲除邪教与迷信滋生的土壤，已经成为当代的一个重要课题。"① 笔者曾遇一 40 岁的美女，自称有她心通，能观前世，说笔者和她前某两世曾是至亲的关系，与笔者微信互动了 25 天。后来暴露了"原形"——借佛敛财的托儿。这一个案佐证了徐文明的观点。

---

① 徐文明. 弥勒形象的定型与中华民族性格［M］// 中国佛教哲学. 北京：宗教文化出版社，2008：180.

第五章　红色信仰在当代中国社会的价值、功能

○ 冯　波　肖　明

红色信仰作为一种政治资源、革命文化资源，在当代中国社会有其独特的价值、作用。一方面，在文艺作品中，可以充分挖掘红色信仰资源，以红色信仰为题材进行创作，使艺术为人民服务、为社会主义服务；另一方面，红色信仰作为一种文化资源，可以在对人民进行信仰教育的同时助力乡村振兴。

一、在文艺作品中可以充分挖掘红色信仰资源

大力发展社会主义先进文化，加强理想信念教育，传播红色信仰，文艺作品有其独特的优势。

（一）当代中国文艺价值观

2014年10月15日习近平在文艺工作座谈会上的讲话高屋建瓴地指出了中国文艺界的现状、成绩和问题，阐明了中国共产党在新时代的文艺思想，为文艺界充分挖掘红色信仰资源指明了方向。习近平指出："文艺事业是党和人民的重要事业，文艺战线是党和人民的重要战线。"[①] 这是从马克思主义关于政治、文化的关系角度对文艺领域的定位，由此彰显了文艺的政治价值立场。因

[①] 习近平：在文艺工作座谈会上的讲话·论党的宣传思想工作[M].北京：中央文献出版社，2020：92-118.本小节以下引文除特别标注外均出自此篇文献。

为，结构、定位本身就预示着一种功能、价值及其立场。

1. 文艺要为新时代中国特色社会主义服务

　　实现中华民族伟大复兴，是近代以来中国人民最伟大的梦想。今天，我们比历史上任何时期都更接近中华民族伟大复兴的目标，比历史上任何时期都更有信心、有能力实现这个目标。而实现这个目标，必须高度重视和充分发挥文艺和文艺工作者的重要作用。

　　政治站位决定着文艺作品的价值取向。文艺为实现中华民族伟大复兴的目标服务，中华民族伟大复兴是中国共产党在新时代的使命和责任。文艺在追求中华民族伟大复兴的道路上不能缺位。换言之，文艺不是独立于政治之外的，会受到政治的影响，也要为政治服务。当然，这种关系的前提是尊重文艺发展规律，否则，文艺就失去了独特的存在意义。"文以载道"这种中国文化传统在中国特色社会主义建设的新时代体现为文艺为我党的宏伟奋斗目标——实现中华民族伟大复兴服务。

　　文化是人类实践活动的产物，广义上包括了所有物质文明和精神文明成果。狭义上，文化指精神文明成果。一方面，从产生的角度看，文化是人化的；另一方面，从功能的角度看，文化又是化人的。文艺包含在文化的概念中。作为润物细无声的一种文化存在形式，"文艺深深融入人民生活，事业和生活、顺境和逆境、梦想和期望、爱和恨、存在和死亡，人类生活的一切方面，都可以在文艺作品中找到启迪"。同时，文艺也发挥着化人的作用。以德服人而非以力服人是中华文化的一个主要特点，中国思想家提出的以德服人的思想原则塑造了中华民族的气质：

　　德国哲学家雅斯贝尔斯在《历史的起源与目标》一书中写道，公元前800年至公元前200年是人类文明的"轴心时代"，是人类文明精神的重大突破时期，当时古代希腊、古代中国、古代印度等文明都产生了伟大的思想家，他们提出的思想原则塑造了不同文化传统，并一直影响着人类生活。这段话讲得很深刻，很有洞察力。古往今来，中华民族之所以在世界有地位、有影响，不是靠穷兵黩武，不是靠对外扩张，而是靠中华文化的强大感召力和吸引力。我们的先人早就认识到"远人不服，则修文德以来之"的道理。阐释中华民族禀赋、中华民族特点、中华民族精神，以德服人、以文化人是其中很重要的一个方面。

文艺是体现文化的一种美的形式，是文化的重要组成部分。在中外文化的发展史上，文艺有不可替代的、独特且重要的改造国人的精神世界（包括信仰）的地位和作用。

从老子、孔子、庄子、孟子、屈原、王羲之、李白、杜甫、苏轼、辛弃疾、关汉卿、曹雪芹，到"鲁郭茅巴老曹"（鲁迅、郭沫若、茅盾、巴金、老舍、曹禺），到聂耳、冼星海、梅兰芳、齐白石、徐悲鸿，从诗经、楚辞到汉赋、唐诗、宋词、元曲以及明清小说，从《格萨尔王传》《玛纳斯》到《江格尔》史诗，从五四时期新文化运动、新中国成立到改革开放的今天，产生了灿若星辰的文艺大师，留下了浩如烟海的文艺精品，不仅为中华民族提供了丰厚滋养，而且为世界文明贡献了华彩篇章。

鲁迅先生说，要改造国人的精神世界，首推文艺。举精神之旗、立精神支柱、建精神家园，都离不开文艺。当高楼大厦在我国大地上遍地林立时，中华民族精神的大厦也应该巍然耸立。我国作家艺术家应该成为时代风气的先觉者、先行者、先倡者，通过更多有筋骨、有道德、有温度的文艺作品，书写和记录人民的伟大实践、时代的进步要求，彰显信仰之美、崇高之美，弘扬中国精神、凝聚中国力量，鼓舞全国各族人民朝气蓬勃迈向未来。

在上述习近平纵贯线地列举的中华文明的瑰宝中，文艺作品占了绝大部分。文艺担当"以文化人"作用，是历史的事实，也是现实的需要。文以载道，言为心声。这是中国传统文化中文艺作品所追求的境界之一，也是其社会价值所在。

在当代中国，社会主义核心价值观是中国特色社会主义文化的核心，是社会主义意识形态的本质体现，是兴国之魂，是当代中国精神的集中体现，凝聚着全体人民的共同价值追求。新时代的中国文艺在弘扬社会主义核心价值观方面更是责无旁贷。

> 我们要在全社会大力弘扬和践行社会主义核心价值观，使之像空气一样无处不在、无时不有，成为全体人民的共同价值追求，成为我们生而为中国人的独特精神支柱，成为百姓日用而不觉的行为准则。要号召全社会行动起来，通过教育引导、舆论宣传、文化熏陶、实践养成、制度保障等，使社会主义核心价值观内化为人们的精神追求、外化为人们的自觉行动。

2．"文艺是时代前进的号角"，要为人民服务

如果说，哲学是时代精神的精华，那么，文艺是时代风貌的体现，文艺的价值在于开时代风气之先，引领社会的走向、变革。从与时代关系的角度，习近平指出：

> 文艺是时代前进的号角，最能代表一个时代的风貌，最能引领一个时代的风气。"文变染乎世情，兴废系乎时序。"……20世纪初，在五四新文化运动中，发端于文艺领域的创新风潮对社会变革产生了重大影响，成为全民族思想解放运动的重要引擎。

2017年10月18日上午，党的十九大开幕。习近平在报告中宣布：中国特色社会主义进入新时代。在这种背景下，文艺对新时代的反映、引领更显得迫切和必要。中国特色社会主义新时代是当代中国的历史方位，开辟走向社会主义现代化新征程、以人民为中心的新发展理念统领发展全局等是新时代发展的新特征。文艺在宣传新时代的特征、新发展理念等方面应该发挥重要的作用。文艺为什么人的问题，是繁荣社会主义文艺的根本问题、原则问题。人

民性是中国特色社会主义文艺的根本属性。"以人民为中心"的价值立场、发展理念是习近平 2012 年 11 月首次提出的:"人民对美好生活的向往,就是我们的奋斗目标。"①"以人民为中心"体现在党领导的各项工作中。在文艺领域,习近平强调:"社会主义文艺,从本质上讲,就是人民的文艺。"文艺的人民性基于唯物史观中的群众史观:

> 人民既是历史的创造者、也是历史的见证者,既是历史的"剧中人",也是历史的"剧作者"。文艺要反映好人民心声,就要坚持为人民服务、为社会主义服务这个根本方向。这是党对文艺战线提出的一项基本要求,也是决定我国文艺事业前途命运的关键。
>
> 只有牢固树立马克思主义文艺观,真正做到了以人民为中心,文艺才能发挥最大正能量。以人民为中心,就是要把满足人民精神文化需求作为文艺和文艺工作的出发点和落脚点,把人民作为文艺表现的主体,把人民作为文艺审美的鉴赏家和评判者,把为人民服务作为文艺工作者的天职。

文艺要为人民服务,这是从应然的层面看。从实然的层面看,在中国特色社会主义新时代,文艺的现状与人民对精神生活的需求之间是不平衡的。

> 随着人民生活水平不断提高,人民对包括文艺作品在内的文化产品的质量、品位、风格等的要求也更高了。文学、戏剧、电影、电视、音乐、舞蹈、美术、摄影、书法、曲艺、杂技以及民间文艺、群众文艺等各领域都要跟上时代发展、把握人民需求,以充沛的激情、生动的笔触、优美的旋律、感人的形象创作生产出人民喜闻乐见的优秀作品,让人民精神文化生活不断迈上新台阶。

从"以人民为中心"的价值立场必然会推论出:文艺的价值因满足人民的

---

① 中共中央文献研究室.十八大以来重要文献选编(上)[M].中央文献出版社,2014:70.

需要、反映人民的关切而存在。否则，文艺将失去其社会价值，也不会产生出优秀作品。

> 人民的需要是文艺存在的根本价值所在。能不能搞出优秀作品，最根本的决定于是否能为人民抒写、为人民抒情、为人民抒怀。一切轰动当时、传之后世的文艺作品，反映的都是时代要求和人民心声。……文艺只有植根现实生活、紧跟时代潮流，才能发展繁荣；只有顺应人民意愿、反映人民关切，才能充满活力。

3. "追求真善美是文艺的永恒价值"

虽然文艺生产受政治等因素影响、决定，但也有其相对独立性——文艺发展有自己的规律。不能用政治或其他因素取代文艺，文艺作品从内容到形式都要尊重文艺的创作、发展规律。所以，必须从综合的维度确立文艺价值观、创作优秀文艺作品，这同时也就形成了文艺评价的标准。

> 必须把创作生产优秀作品作为文艺工作的中心环节，努力创作生产更多传播当代中国价值观念、体现中华文化精神、反映中国人审美追求，思想性、艺术性、观赏性有机统一的优秀作品，形成"龙文百斛鼎，笔力可独扛"之势。优秀作品并不拘于一格、不形于一态、不定于一尊，既要有阳春白雪、也要有下里巴人，既要顶天立地、也要铺天盖地。只要有正能量、有感染力，能够温润心灵、启迪心智，传得开、留得下，为人民群众所喜爱，这就是优秀作品。

艺术是靠具体、生动、感人的形象表现真善美的内容、打动人心而具有其价值的，这是艺术区别于哲学、宗教等社会意识形式的根本特征。

> 追求真善美是文艺的永恒价值。艺术的最高境界就是让人动心，让人们的灵魂经受洗礼，让人们发现自然的美、生活的美、心灵的美。……我们要通过文艺作品传递真善美，传递向上向善的价值观，

引导人们增强道德判断力和道德荣誉感，向往和追求讲道德、尊道德、守道德的生活。

习近平在这里高度肯定了艺术之美的价值。艺术是和人类的审美需求及其满足相关的，审美价值或曰美学价值是艺术的本质价值所在。艺术不是为人们提供一件有使用价值的器具，也不是用命题陈述的形式向人们提供有关世界的一种真理，而是向人们呈现一个意象世界，从而使观众产生美感。舍去美感，真、善的内容在艺术效果中就是苍白的、不能吸引人的。

4. 文艺作品要坚持社会效益、经济效益的统一

社会效益和市场效益是文艺作品必须直面的二元导向力量。如何兼顾好这两种向度的力量，对于文艺作品来说，是个很大的难题。习近平阐明了二者的辩证关系：

> 一部好的作品，应该是经得起人民评价、专家评价、市场检验的作品，应该是把社会效益放在首位，同时也应该是社会效益和经济效益相统一的作品。在发展社会主义市场经济的条件下，许多文化产品要通过市场实现价值，当然不能完全不考虑经济效益。然而，同社会效益相比，经济效益是第二位的，当两个效益、两种价值发生矛盾时，经济效益要服从社会效益，市场价值要服从社会价值。文艺不能当市场的奴隶，不要沾满了铜臭气。优秀的文艺作品，最好是既能在思想上、艺术上取得成功，又能在市场上受到欢迎。要坚守文艺的审美理想、保持文艺的独立价值，合理设置反映市场接受程度的发行量、收视率、点击率、票房收入等量化指标，既不能忽视和否定这些指标，又不能把这些指标绝对化，被市场牵着鼻子走。

在我国当前的文艺领域，存在着一些和上述价值观相左的现象、问题，习近平明确指出：

在有些作品中，有的调侃崇高、扭曲经典、颠覆历史，丑化人民群众和英雄人物；有的是非不分、善恶不辨、以丑为美，过度渲染社会阴暗面；有的搜奇猎艳、一味媚俗、低级趣味，把作品当作追逐利益的"摇钱树"，当作感官刺激的"摇头丸"；有的胡编乱写、粗制滥造、牵强附会，制造了一些文化"垃圾"；有的追求奢华、过度包装、炫富摆阔，形式大于内容；还有的热衷于所谓"为艺术而艺术"，只写一己悲欢、杯水风波，脱离大众、脱离现实。凡此种种都警示我们，文艺不能在市场经济大潮中迷失方向，不能在为什么人的问题上发生偏差，否则文艺就没有生命力。

5. 文艺作品要讲好中国故事

在中国特色社会主义新时代，讲好中国故事，文艺不能缺位。文艺在某种程度上比其他社会意识形态更能有效地讲好中国故事，因此，必须重视文艺在讲好中国故事方面的价值。

国际社会对中国的关注度越来越高，他们想了解中国，想知道中国人的世界观、人生观、价值观，想知道中国人对自然、对世界、对历史、对未来的看法，想知道中国人的喜怒哀乐，想知道中国历史传承、风俗习惯、民族特性，等等……文艺是最好的交流方式，在这方面可以发挥不可替代的作用，一部小说，一篇散文，一首诗，一幅画，一张照片，一部电影，一部电视剧，一曲音乐，都能给外国人了解中国提供一个独特的视角，都能以各自的魅力去吸引人、感染人、打动人。京剧、民乐、书法、国画等都是我国文化瑰宝，都是外国人了解中国的重要途径。文艺工作者要讲好中国故事、传播好中国声音、阐发中国精神、展现中国风貌，让外国民众通过欣赏中国作家艺术家的作品来深化对中国的认识、增进对中国的了解。要向世界宣传推介我国优秀文化艺术，让国外民众在审美过程中感受魅力，加深对中华文化的认识和理解。

6. 文艺价值观的作用

上述文艺价值观，既是习近平新时代中国特色社会主义思想的组成部分，又符合马克思主义基本原理的要求，是马克思主义文艺价值观在习近平新时代中国特色社会主义思想中的体现。习近平新时代中国特色社会主义思想是中国化马克思主义的当代形态，是一个完整、有机的理论体系。文艺价值观隶属于习近平新时代中国特色社会主义文化思想——"五位一体"总体布局的重要环节之一，在理论和实践方面有其重要的作用，为文艺作品充分挖掘红色信仰资源从而为人民服务、为社会主义服务指明了方向。

人的行动一方面是追求价值、实现价值并重塑价值观的活动，另一方面又是在价值观引导下形成与展开的。价值观对个体行为和社会发展都具有定向、规范和激励的作用。文艺价值观在新时代中国特色社会主义建设过程中对相关学术和实践领域也具有定向、规范、激励的作用。在社会转型时期，合理的价值观具有一定的前瞻性，能为社会主体的活动提供价值标准和社会发展的合理目标。这种价值标准不仅有利于社会整体的发展，也能为大多数社会成员所认同和接受。价值观决定着社会主体所进行的价值评价、价值选择等活动。

> 文艺是铸造灵魂的工程，文艺工作者是灵魂的工程师。好的文艺作品就应该像蓝天上的阳光、春季里的清风一样，能够启迪思想、温润心灵、陶冶人生，能够扫除颓废萎靡之风。凡作传世之文者，必先有可以传世之心。

社会效益至上，为社会主义服务，为人民服务，这是中国特色社会主义文艺作品的根本衡量标准，对文艺作品的创作、生产、传播有关键的规范作用。习近平强调：

> 人类文艺发展史表明，急功近利，竭泽而渔，粗制滥造，不仅是对文艺的一种伤害，也是对社会精神生活的一种伤害。低俗不是通俗，欲望不代表希望，单纯感官娱乐不等于精神快乐。文艺要赢

得人民认可，花拳绣腿不行，投机取巧不行，沽名钓誉不行，自我炒作不行，"大花轿，人抬人"也不行。

价值观对追求价值目标的主体有很强的激励作用。习近平中国特色社会主义文艺思想有助于激发广大文艺工作者、文艺团体为实现价值目标所需要的兴趣、欲望、情感、信念等非理性因素，提高其实现目标的积极性，激励其发挥主动性、创造性，使其艺术实践充满激情。

>广大文艺工作者要高扬社会主义核心价值观的旗帜，充分认识肩上的责任，把社会主义核心价值观生动活泼、活灵活现地体现在文艺创作之中，用栩栩如生的作品形象告诉人们什么是应该肯定和赞扬的，什么是必须反对和否定的，做到春风化雨、润物无声。……要把爱国主义作为文艺创作的主旋律，引导人民树立和坚持正确的历史观、民族观、国家观、文化观，增强做中国人的骨气和底气。

（二）文艺作品与红色信仰传播——以《大钊先生》为例

习近平在文艺工作座谈会上的讲话发表以后，我国各艺术院团充分挖掘红色信仰资源，创作出了不少礼赞英雄、讴歌共产主义信念的作品，如《大钊先生》《狼牙山》《横空出世》《红军故事》《郭永怀》等。以《大钊先生》为例：京剧《大钊先生》生动地塑造了一个触动人心灵、为共产主义信仰而献身的马克思主义者、中共创始人的光辉形象。该剧是 2016 年 10 月在北京全国地方戏演出中心首演的一部新编京剧①，讲述的是李大钊先生英勇就义的故事。

《大钊先生》的京剧故事是从可爱的华华——李大钊先生的女儿开始的。她拿着一盏小灯笼，吟诵着：真理、信仰、主义，是心中不灭的火。这是贯穿全剧的中心思想。围绕着要不要真理、信仰、主义，大钊先生和他的学生、军阀展开了辩论，他也用他的生命、人生选择诠释了对真理、信仰、主义的坚

---

① 该剧是为纪念李大钊先生诞辰 126 周年而创作的原创大型现代京剧，由北京京昆艺术团的核心成员担任主创团队，力邀当今国内一线优秀的中青年演员和乐队员加盟，历经一年多的精心策划和研讨创作而成，主要歌颂的是李大钊先生为真理而献身的精神。

守！李大钊是位慈爱的父亲，也是一位机智的革命者。华华和妈妈在军阀的白色恐怖中担心着李大钊的安危，不知他身在何处。城门要关了，李大钊扮作车老板，赶着辆马车，操一口浓重、地道的唐山口音，把母女俩送回了家。直到下车，母女俩才发现，他们担心的亲人远在天边、近在眼前。"燕儿归春消息山河点染，望远方心激越彻夜难眠。共产党人担道义一副铁肩！"李大钊向华华讲革命道理。童年的华华只关心爸爸说的未来要创造的新世界中能不能让她想吃肉就能吃肉。李大钊追求的不仅是自己的孩子能吃上想吃的东西，更是"为将来千千万万妇女儿童能得人间温饱"！李大钊，北大教授，他完全可以让孩子吃上想吃的肉肉，当年在北大教书，他的薪水是每月 300 大洋。但他的工资都用来资助革命事业了，委屈了自己的孩子。父女谈心的场景最后，大钊先生和女儿华华一起唱儿歌："齐奋起，改造旧世界；齐奋起，创造新世界！"

"冬月里一声炮响改天换地，为中国送来了马列主义。"在十月革命的影响下，李大钊成为了一位普罗米修斯般的"盗火者"："李大钊此生何所愿，引来火种把人心点燃。"他要"引来火种让光明温暖人间"！为此，"怕什么艰难、危险"，"主义种子需要鲜血浇灌"。这就是信仰、信念的力量——李大钊主动犯险、不惧死亡的动力源于此，这就是共产党员的"初心"！与此对照，李大钊的学生汪若白，曾经的热血青年，在血腥的杀戮面前害怕、低头、变节了，他不再理会什么真理、主义，他要的是为了保命而采取的变通。由于汪若白的告密，李大钊被捕了。他对来劝降他的汪若白说："你我曾亦师亦友，但做人的信仰是南辕北辙！"为了信仰，李大钊不惜献出生命，绝不苟活！他对汪若白说："你就长长久久地活着吧！试看明日之中国，必是赤旗的世界！"主义、主意是两种不同的人生选择。军阀张作霖崇尚的是人生会变通、有主意，他不会为了主义牺牲自己。临刑前，李大钊对大军阀坦言：主义是为大众的，主意是为个人的。在家国关系上，李大钊挚爱家人，但在生死抉择的时候，他选择了为真理而献身，舍小家为大家。就义前，面对刽子手以家人相威胁的局面，李大钊用颤抖的声音背对着妻女说："既已将身许国，只知有国，不知有家！"妻儿闻言，潸然泪下！李大钊"愿化长虹扫苍天"！他做到了！

应该说，在挖掘红色信仰资源方面，《大钊先生》是一部难得的有深度的作品。《大钊先生》这部戏的创作也充分遵循了艺术创作的规律。一出好戏，剧情要能吸引人，有悬念、有故事，结构安排上要有冲突、起伏——如果纯粹说教式地把政治、思想性的内容唱出来，和政治课无异，也失去了戏剧的本质意义。与此相关，剧中的人物也要立体化、有血有肉、接地气，不能平淡乏味；念白、唱词要能触动人心，唱腔要具有美感；舞美、灯光、乐队要和剧情、演员配合好。最重要的是，演员要优秀！在其他条件俱足的前提下，优秀演员是一出戏成功的关键。因此，"京剧是角儿的艺术！"《大钊先生》在上述各方面都符合要求，尤其是演员的出色表演保证了《大钊先生》的演出效果，他们令《大钊先生》这出弘扬主旋律的大戏好看、好听、吸引人、有感染力。特别是北京京剧院奚派①老生演员张建峰刻画的李大钊的形象——有情有义、铮铮铁骨、凛然正气、笑迎死神，令人肃然起敬！应该说，张建峰把尘封在历史中的大钊先生演活了，使他的精神、信仰走进了观众的心灵。

冬梅同学看过《大钊先生》之后写道②：

观赏京剧《大钊先生》，是我第一次在现场观看京剧。所以在观看前还是带着些许兴奋的。但是，在观看之后，却不仅仅停留在兴奋状态了，那是由震撼、感动和敬畏夹杂着的一种情感。首先是改变了我对李大钊先生的印象，或许说深刻了李大钊先生在我心里的形象更加确切。在观看《大钊先生》前，我对李大钊先生的印象仅仅还停留在小学课本上。记得小学课本里有一篇课文也讲述的是大钊先生，忘记了课文的名字叫什么，但依然记得课文的内容。那篇课文是对李大钊先生被害时的回忆，也许因为当时还是小学生，不懂得那么多复杂的情感，只是觉得大钊先生是一位好人、有骨气的人，宁愿牺牲自己也不愿意出卖国家和战友。从此以后对李大钊先生的印象也就停留在了这里。但是京剧《大钊先生》却让我看见了不一样的李大钊先生：一出场伪装成车夫的李大钊幽默、机智，特别是与警察的那一段对话，让我以为他就是一个来自唐山的普通车

---

① 指京剧四大须生之一奚啸伯先生创立的老生流派。
② 观剧环节是笔者承担的文化人类学课（授课对象为社会学专业大二学生）课外实践的一个方面的内容。看戏之后，笔者要求学生每人提交一份田野调查报告。

夫；还有对待女儿华华的慈爱与教诲，他是一位好父亲；对待妻子的愧疚，对妻子跟随自己多年却一直受苦的歉意；对待叛变的学生的宽容，甚至直到最后在监狱里都在劝叛变的若白；在法庭上对待敌人时的硬气，丝毫不让步，丝毫不退缩；还有在监狱中与张作霖的一段生与死的对弈，等等。这些都让我感受到不一样的李大钊先生，让我对大钊先生更生敬畏。这也许要感谢张建峰老师的精彩表演，他演活了李大钊先生。没有接触过京剧的我，真的非常庆幸能够有机会观赏《大钊先生》。一直对京剧不了解的我，这一次完全被感动了。演员对角色精彩的演绎、现场慷慨激昂的音乐、演员奇特的语调和细腻的表情，还有现场观众对演员们的喜爱，在观赏完表演后，全场观众一起起立鼓掌叫好，让我也倍受感染，像一个忠实粉丝那样鼓掌叫好。

田美辰同学写道：

当饰演大钊先生的张建峰老师喊出"共产党万岁"的时候，全场观众鼓掌叫好，气氛热烈。本剧在大钊先生英勇就义89周年时重新激起我们内心的爱国情怀。李大钊同志对中国人民的解放事业、对马克思主义的信仰和无产阶级革命无限忠诚。他为在我国开创和发展共产主义运动的大无畏的献身精神让后来者难以忘怀。大钊先生将生死置之度外，坚持主义，坚持领导对敌斗争，保护国共两党的革命同志，其革命精神让敌人为之折腰，让叛徒为之终生报颜。

鲁广超同学写道：

京剧《大钊先生》中在军事法庭上的场景令人动容，面对妻女，面对北洋军阀，李大钊先生压抑着自己的感情，决绝地转身说"我的心里只有国家"。背对着悲痛不已的妻女，我想李大钊先生的脑海里肯定还回荡着一家人在一起的欢声笑语。这可能也是艺术的魅力所在，但我相信李大钊先生就像京剧里表现的那样伟大无私。舍小家，为大家，这才换来了革命的成功，换来了无数中国人的幸福生活。

当代中国，理想、信念的塑造对于国人而言非常必要，京剧《大钊先生》无疑提供了一个用艺术作品感染、引导人树立正确信念的成功范例。理想、信念教育与传播怎样打动人、吸引人也是一个难点问题。《大钊先生》的成功对于破解这一难题有极大的启发意义。人民有信仰，民族才有希望。怎样让人民有信仰？需要很多机制、路径、条件的高端设计和配合，也需要脚踏实地地做好有效的理想、信念传播工作。《大钊先生》用京剧的形式，通过生动感人的形象刻画，将理想、信念的追求植入观众心中，这种模式是值得提倡的。

二、红色旅游资源助力乡村振兴

从新中国成立所走过的70余年历程来看，社会建设作为社会主义现代化建设的重要组成部分，是我国的社会发展不可逾越的必经阶段。当重视经济建设与社会建设的协调发展时，社会就和谐稳定。"忽视社会建设的重要性，就会产生大量的社会矛盾与问题，阻碍整个社会的发展。"[1] 着力改善民生、加快推进社会事业、改革收入分配制度、加强城乡社区自治、加快发展社会组织、加强创新社会治理、建立健全社会规范、加快改革社会体制、调整优化社会结构等是社会建设的内容。"所谓社会结构，是指一个国家或地区的占有一定资源、机会的社会成员的组成方式与关系格局。"[2] 社会建设的核心任务是调整社会结构。对社会结构的分析是理解一切社会现象的出发点。"社会结构和经济结构是一个国家或地区的两个最基本的结构。经济结构是一个国家或地区的基本经济形态，是观察认识这个国家或地区经济状况和发展水平的重要维度；社会结构是一个国家或地区的基本社会形态，是观察分析这个国家或地区的社会状况、社会发展水平的重要维度。打个比方：经济结构和社会结构是一枚金币

---

[1] 陆学艺.当代中国社会建设［M］.北京：社会科学文献出版社，2018：333.
[2] 陆学艺.当代中国社会建设［M］.北京：社会科学文献出版社，2018：9.

的两面。"① 社会结构是社会学研究的核心问题。统筹城乡关系、突破城乡二元结构是调整优化社会结构的重要举措之一。社会结构的子结构包括：人口结构、家庭结构、就业结构、收入分配结构、消费结构、城乡结构、区域结构、组织结构、社会阶层结构等。各子结构之间有很强的关联性。城乡结构的现代化是我国社会主义现代化和社会建设的题中应有之义，城乡结构的调整必然要求聚焦"三农"问题。农业、农村、农民问题是关系国计民生的根本性问题。

作为构建现代社会结构的一种行动的社会建设需要良好的社会宏观条件支撑。党的"十六大"以后，"三农"问题受到党和国家持续的重视。自2004年开始，历年的中央一号文件都持续聚焦"三农"问题，国家从战略高度提出了一系列促进农村发展、统筹城乡关系的政策，在破除城乡二元结构方面取得了明显的进步。"十九大"报告正式提出实施乡村振兴战略，这是推进社会结构良性运行和协调发展、破解城乡发展不平衡难题、化解新时代中国特色社会主义社会主要矛盾、引领未来中国"三农"发展、建设现代化的社会主义新农村、加快推进农业农村现代化的重要举措，对于跨越中等收入陷阱（middle income trap）也有着重要意义。中等收入者是指一定时期收入及生活水平稳定保持在中等或相对平均水平的人口。这一概念有两个重要的维度：一是发展的维度——随着经济社会发展和整体生活水平的提高，收入在贫困线以下的人口比重将缩小，符合一定标准的中等收入者比重将上升，这意味着需要像制定贫困线测算绝对贫困人口一样对中等收入者量身定制相应的标准，这一标准是绝对的，不是相对的，否则不能客观反映社会进步与经济发展水平；二是收入分配的维度——中等收入者比重提升，意味着不同收入人口结构的变迁、社会收入差距的缩小：社会收入分配结构从"上端小，底部大"的金字塔型向"两头小、中间大"的橄榄型转变。在一个现实的社会结构中，只有橄榄型社会才是比较稳定的；只有社会中产者成为社会主体并占有社会大部分资源和财富，才能维持一个社会的可持续发展。"中等收入陷阱"指发展中国家在跳出低水平均衡陷阱之后，尽管其经济发展水平超过了年人均1000美元，进入了中等收入行列，但很少能够进一步发展到高收入国家行列（如阿根廷、智利、巴西

---

① 陆学艺. 当代中国社会建设［M］. 北京：社会科学文献出版社，2018：8.

等)。这些发展中国家会长期徘徊在中等收入区间——或陷入增长与回落的循环之中,或较长时期处于增长十分缓慢乃至停滞的状态。就我国的现状而言,若要跨越中等收入陷阱,必须解决好城乡关系和"三农"问题这两个关键问题。2018、2019年的中央一号文件,对实施乡村振兴战略做了具体部署。乡村振兴包括产业振兴、人才振兴、文化振兴、生态振兴、组织振兴等维度,总体要求是达到"产业兴旺、生态宜居、乡风文明、治理有效、生活富裕"。

　　红色旅游的显功能是对旅游者进行马克思主义信仰教育(很多党支部组织党员去红军村等红色旅游点参观、参与活动,在这个过程中,党员会受到红色信仰的洗礼),潜功能是助力乡村振兴。中共中央办公厅、国务院办公厅颁发的《2004—2010年全国红色旅游发展规划纲要》,就发展红色旅游的总体思路、总体布局和主要措施作出了明确规定,这意味着大力发展红色旅游产业是国家层面的决策。这个规划纲要中提出的发展红色旅游要实现的六大目标之一是重点打造100个左右的红色旅游经典景区,使80%以上达到国家旅游景区3A级以上标准,40%要达到4A级标准。其中,有些红色旅游景区地处贫困地区,发展红色旅游对于助力这些地区脱贫攻坚和乡村振兴有重要作用。例如:四川红军长征红色旅游系列景区(点)(凉山州会理县皎平渡红军渡江遗址、会理会议遗址、冕宁县彝海结盟遗址、红军长征纪念馆;泸州市古蔺县红军四渡赤水太平渡陈列馆;雅安市宝兴县夹金山红军纪念碑,石棉县红军强渡大渡河纪念地;甘孜州泸定县泸定桥革命文物纪念馆;阿坝州若尔盖县巴西会议旧址,马尔康县卓克基会议旧址,红原县红原瓦切红军长征纪念遗址,小金县两河口会议旧址,松潘县红军长征纪念碑碑园),贵州红军长征线红色旅游系列景区(点)(遵义市遵义会议纪念馆,红花岗区红军山烈士陵园,汇川区、桐梓县娄山关景区,赤水市赤水红军烈士陵园,习水县、赤水市、仁怀市风溪渡口红军四渡赤水纪念地,习水县黄陂涧战斗遗址,赤水市丙安红一军团纪念馆;黔南州瓮安县、遵义市余庆县、遵义县和息烽县乌江景区;黔东南州黎平县黎平会议旧址),云南红军长征红色旅游系列景区(点)(曲靖市会泽县水城红军扩军旧址;昆明市禄劝县皎平渡、寻甸县红军长征柯渡纪念馆;丽江市玉龙县万里长江第一湾——石鼓红军渡口;楚雄州元谋县龙街红军横渡金沙江渡口;昭通市威信县扎西会议纪念馆),甘肃红军长征红色旅游系列景区(点)

(白银市会宁县红军长征会师旧址；甘南州迭部县腊子口战役遗址；陇南市宕昌县哈达铺红军长征纪念馆；定西市岷县"岷州会议"纪念馆；通渭县榜罗镇革命遗址），宁夏六盘山红军长征红色旅游系列景区（点）（固原市隆德县六盘山长征纪念亭，西吉县将台堡一、二方面军会师纪念碑，西吉县兴隆镇单家集红军长征遗址，泾源县老龙潭革命烈士纪念亭）。

在红色旅游助力乡村振兴方面，有一些成功的案例。例如，"汕尾依托本地红色文化资源、绿色生态资源等优势，大力构建'一镇一业'、'一村一品'农业发展体系和特色产业发展模式。通过3年的'造血式'精准扶贫，全市农村居民人均可支配收入达到14852元，增长10%，在粤东粤西粤北各市中增幅第一，全省第5；3年累计脱贫人口109060人，脱贫率为85.41%，在全省2018年度扶贫开发成效考核中获得了'好'的等次"[①]。以汕尾新山村为例。在新民主主义革命时期，在老一辈革命家彭湃的带领下，新山村村民踊跃投身革命、不怕牺牲，涌现出"一门七英烈"等可歌可泣的英雄事迹，民政部门登记在册的革命烈士18名。新山村保存了农会旧址、农军训练场等革命遗址，成为远近闻名的"红色村"、汕尾市第一批红色示范村之一。同时，新山村也是广东省省定贫困村。过去，新山村村民以农耕为主，青壮年基本外出打工，留下的多是老弱妇孺。该村有贫困户109户、贫困人口348人，"空心村"现象比较严重。广东省、汕尾市、海丰县三级党委、政府以及深圳对口帮扶单位投入了大量财力支持新山村的振兴发展。新山村将红色旅游作为主导产业，秉持"修旧如旧"原则，修建了革命纪念馆、红色文化广场、农军训练场等设施，辅以发展袁隆平超级水稻等特色农业。"2019年以来，新山村每天都有上千人前来参观游览，节假日游客人次破万。由于游客众多，海丰县交通局专门开通了公交专线直达村口。红色旅游带旺了新山村的人气，也开启了村民的致富路。新山村集体经济到去年年底已获得超40万元的收入，基本实现全村贫困户脱贫。200多位村民自发选择返乡创业就业。新山村成功由一个'空心村'变成了'模范村'、'网红村'，各地前来学习考察的单位络绎不绝。"[②]

《人民日报》介绍的山西晋城市阳城县河北镇孤堆底村也是红色旅游助力

---

① 石义胜.红色旅游助力汕尾乡村振兴[N].深圳特区报，2019-07-11.
② 石义胜.红色旅游助力汕尾乡村振兴[N].深圳特区报，2019-07-11.

乡村振兴的成功案例①。

"今天已经接待第五批游客了，虽然累点儿，但很值得。"日前，在山西晋城市阳城县河北镇孤堆底村东边孤山脚下的孙文龙纪念馆里，解说员孙晋霞说。

孙文龙纪念馆是全国为数不多的完全由老百姓和社会各界自发捐资修建而成的纪念馆。孙文龙是深得当地人民爱戴的原县委书记，被人亲切地称为"蚕桑书记""粪篓书记"。它不仅是当地的一张红色旅游名片，也带动了乡村振兴发展的新局面。据了解，2018年全市共有230多个单位、8万余人次走进纪念馆。村民办起了农家乐，自家的绿色农产品成了游客喜欢的商品。2018年村集体经济收入达92.3万元。

近年来，当地启动建设生态农业观光万亩园区、文龙森林公园等工程，围绕孙文龙纪念馆形成了一馆五园的旅游资源集群。"接下来，我们将着力实施红色旅游扶贫精品开发工程，打造本土文化品牌。"阳城县委书记窦三马说。

云南大理州宾川县乔甸镇新庄村在村带头人蒲国宏的带领下，也打造了一个别具特色的红军村。笔者曾有机会体验过该村的红色旅游安排：先是让到访者都穿上红军服，然后"重走长征路"，到山上走一圈儿，在半山腰上吃一碗油茶，然后参观红军长征过新庄的展览，午饭后还有村民表演的送郎参加红军的情景剧。这种体验式旅游集信仰教育和村庄创收于一体，是乡村振兴的一种模式。

---

① 山西阳城着力产业开发助脱贫——依托红色旅游 带动乡村振兴[N].人民日报，2019-06-28.

第六章 大学生马克思主义信仰的生成机制研究

——以 C 高校为例

○ 高馨睿[①]

马克思主义信仰是科学、崇高的信仰。但由于某些原因,传统的马克思主义信仰受到冲击,"信仰缺失""看客心态"等问题突出。[②] 对于某些大学生而言,信仰缺失问题更为明显,在不少学者的研究里均有发现。例如,2019 年高晓娟、张军等以山西四所高校为例开展的调查结果显示,超过 1/4 的受访大学生明确表示自己没有信仰[③]。

青年是祖国的未来。大学生作为建设祖国的重要储备力量、社会主义事业的接班人,其是否正确认识马克思主义、是否正确认识马克思主义信仰以及是否确立马克思主义信仰,将会对我国社会主义现代化事业产生重要影响。在信仰问题日益突出的当下,需进一步推动和深化大学生马克思主义及马克思主义信仰的教育,帮助其正确认识马克思主义及马克思主义信仰,培养其马克思主义信仰。而如何有效推行这一信仰教育以及如何有效帮助大学生确立这一信仰,离不开对大学生马克思主义信仰形成过程、生成机制的理解和研究。因

[①] 作者为中国传媒大学 2019 级广告学专业硕士研究生,本文为作者选修《信仰社会学》(冯波授课)的结课论文。
[②] 岳杰勇.试论马克思主义信仰生成的内在机制[J].思想理论教育导刊,2014(9):111-114.
[③] 高晓娟,张军.90 后大学生马克思主义信仰危机与对策——以山西省四所高校为例[J].忻州师范学院学报,2019(35):71-74.

此，本研究以大学生马克思主义信仰者为调查对象，提炼总结影响大学生马克思主义信仰形成的重要因素，分析其生成机制，为教育和引导大学生确立马克思主义信仰、树立远大理想提供借鉴。

本研究的实践意义在于：面对部分大学生信仰缺失这一问题，除了分析其信仰缺失的原因外，还需找到其确立信仰的有效路径。因此，本研究可以为相关主体开展马克思主义信仰教育提供借鉴，帮助存在信仰问题的大学生构建起自己的信仰体系。学术意义层面，已有文献多采用思辨的方式来构建马克思主义信仰生成机制，本研究采用扎根理论的质性研究方法，拓展了这一领域的研究方法；并且试图构建起一套较为完整的生成路径，为今后的相关研究提供借鉴。

扎根理论最初由美国社会学家格拉斯（Glaser）和斯特劳斯（Strauss）所创立，其宗旨是从经验资料中，通过不断比较、归纳、总结，自下而上地建构理论，注重理论的"发现"而非"验证"。该方法主要包括资料收集和分析、资料编码和理论生成与验证三大基本环节。作为自下而上建构理论的方法，扎根理论可避免实证范式下经验性观念或预设性理论模式对所用资料和所得结论范围的"程式化"限制。[1] 本研究将以大学生马克思主义信仰者的深度访谈文本为分析资料，通过多次编码分析，自下而上地建构起大学生马克思主义信仰的生成路径。

借鉴学术界的相关研究成果，本研究所定义的马克思主义信仰体现在以下三个方面。一是对马克思主义及其理论的相信和信奉，相信马克思主义是具有科学性的，认同其对世界的解释方式和方法论；确信马克思主义具有实践性的品格，将马克思主义的立场、观点与方法运用到实践中。二是对共产主义理想的信奉与追求。共产主义理想是马克思主义信仰的核心。马克思主义信仰者应充分认同并坚信这一点。三是对全心全意为人民服务的坚定和执着。无产阶级立场是区别于其他阶级立场的关键与根本之所在，为人民服务最强烈地体现出马克思主义者的信仰特点。[2] 以上三个方面，一是基础、基石，二是长远目标或终极目标，三是根本要求。三者相辅相成。

---

[1] 弗里克.质性研究导引[M].孙进,译.重庆：重庆大学出版社,2011：247–248.
[2] 薄明华.论马克思主义信仰的科学内涵[J].广西社会科学,2011（9）：5–9.

关于马克思主义信仰的研究，国内学者主要集中在马克思主义信仰教育或培育以及确立程度等方面，而关于马克思主义信仰形成的内在过程以及机制的研究相对较少。笔者整理了以下几个既有相关文献的主要研究视角和研究结论。

一是从宏观的框架和机制入手。岳杰勇认为，马克思主义信仰的生成存在三种依次上升的内在性机制，即理性认同机制、价值共鸣机制和精神激发机制。这三个机制分别是马克思主义信仰形成的基础、过渡与终结。[①] 曾杰、田必春、周璐从马克思主义认同、形成健全人格、投身实践三个层面解析了当代青年马克思主义信仰的生成方式。[②] 贾建梅、李延华、贾万森提出了马克思主义信仰生成机制的三个路径，即内在根据、社会途经和心理路径，并在此基础上探索马克思主义信仰的生成规律。[③]

二是从微观层面的心理过程、认同机制切入。陈相光认为，人的心理是马克思主义信仰形成的主体性因素，这一信仰的生成与人的心理活动、心理状态及心理过程密切相关。人的意识性心理活动、意向性心理过程、主观性心理状态、因果性心身逻辑将影响马克思主义信仰的形成。[④] 练庆伟着眼于认同机制，分析了大学生马克思主义信仰的认同机制的变化。研究发现，从新中国成立到改革开放，大学生马克思主义信仰的认同机制完成了从同一性认同到统一性认同、由教化性认同到生成性认同的转变。[⑤] 邹国振、雷艳芝认为，信仰的形成本质上是信仰性认同的形成，借助"双重态度模型理论"论述了大学生马克思主义信仰形成的"外显认同"和"内隐认同"两种认同机制。[⑥]

除此之外，还有部分学者从中观的媒介环境等层面展开研究，探讨媒介环境对大学生马克思主义信仰形成的影响程度。例如，唐文艳、彭福扬基于信仰生成要素即信仰认知、信仰情感、信仰意志，以网络媒介为切口，探讨其对大

---

① 岳杰勇. 试论马克思主义信仰生成的内在机制 [J]. 思想理论教育导刊, 2014 (9):111-114.
② 曾杰, 田必春, 周璐. 当代青年马克思主义信仰生成方式探析 [J]. 理论探索, 2014 (6): 62-66.
③ 贾建梅, 李延华, 贾万森. 马克思主义信仰养成机制和规律探索 [J]. 中共天津市委党校学报, 2016 (5): 25-31, 50.
④ 陈相光. 马克思主义信仰的心理发生逻辑 [J]. 思想理论教育, 2016 (5): 52-58.
⑤ 练庆伟. 大学生马克思主义信仰的认同机制探析 [J]. 思想教育研究, 2012 (7): 37-40.
⑥ 邹国振, 雷艳芝. 大学生马克思主义信仰形成的双重认同机制——双重态度模型理论的视角 [J]. 思想政治教育研究, 2014 (6): 65-68.

学生马克思主义信仰生成的影响。①

总体来看，国内关于大学生马克思主义信仰生成机制的探讨（无论是宏观框架抑或是微观机制）较为碎片化，没有搭建起马克思主义信仰的生成路径与框架，并且多采用思辨的方式进行论述，缺少实证研究支撑。在这方面，本研究希望做些创新性探索。

一、研究设计

本研究选择了 C 高校广告学院的 8 名学生为研究对象，以探究该学院马克思主义信仰的形成机制。在选择样本时主要基于以下几点考虑：一是具有马克思主义信仰，至少是符合本研究所定义的马克思主义信仰；二是比较明显地表现出对马克思主义信仰的实践，例如会将马克思主义与自身的学习、生活相联系，尝试用马克思主义基本原理或立场去分析现实问题。考虑到作为入党积极分子的非党员同学和其他同学也会具有马克思主义信仰，因此本研究也将非党员同学包含在内。

本研究中 8 位同学的男女比例为 1∶1，党员人数与非党员人数为 1∶1。在非党员同学中，有 3 人有入党意愿，有 1 人没有入党意愿。受访对象的年龄分布为 22—25 岁，均为 C 高校广告学院研究生，其中，学硕占比略高于专硕。较为特殊的是，受访对象中有两人有参军经历。

表 6-1 受访对象基本信息

编号	性别	年龄	专业	政治面貌	其他
1	男	23 岁	广告学（学硕）	党员	
2	女	24 岁	广告学（专硕）	非党员	有入党意愿
3	男	22 岁	广告学（学硕）	非党员	有入党意愿
4	女	23 岁	广告设计（学硕）	党员	
5	女	22 岁	广告学（专硕）	非党员	无入党意愿

---

① 唐文艳，彭福扬. 网络对大学生马克思主义信仰生成的影响［J］. 学术论坛，2014（10）：172-175.

续表

编号	性别	年龄	专业	政治面貌	其他
6	男	25岁	广告学（学硕）	非党员	有入党意愿，有参军经历
7	女	25岁	广告学（学硕）	党员	有参军经历
8	男	22岁	广告学（专硕）	党员	

本研究通过深度访谈搜集相关资料。访谈对象的确定途径为：对于党员同学，首先通过班干部或老师了解相关人员的情况，通过舍友、班干部等渠道对随机选定的访谈对象进行了解。非党员同学的确定途径为：在有入党意愿的同学中用与党员同学的确定方式类似的方法确定。确定调查对象时尽量平衡性别，同时选择了不同背景的调查对象。通过对访谈资料的编码分析，归纳对调查对象马克思主义信仰形成的共性的、关键的影响因素。

在按照访谈提纲开展正式访谈前，笔者首先向访谈对象说明本次访谈的目的，就访谈对象是否具有本研究所定义的马克思主义信仰与其进行沟通。当确认访谈对象具有马克思主义信仰时才开始正式访谈。访谈主要围绕访谈对象从什么时候、通过什么渠道了解和学习马克思主义展开，探寻诸如影视剧、课堂学习等形式以及家人、朋友、老师、同学等角色对访谈对象马克思主义信仰形成的影响，探寻访谈对象对马克思主义态度转变的影响因素，以找到访谈对象在马克思主义信仰形成过程中关键的影响因素，总结其信仰的生成机制。

二、编码分析

开放性编码即一级编码，指用概念来标记资料，用标签来诠释资料。在这一过程中，研究者应保持开放的态度、贴近数据。换言之，开放性编码是在理解资料所具有的含义的基础上，尽可能地使用与原文一致或较为接近的标签或代码。本研究通过逐字逐句的编码，在97个标签的基础上共提取了35个概念，例如红色影视剧、人生阅历增长、社会环境等。在35个概念之上划定了16个范畴。这16个范畴分别是：媒体生产内容的影响、人生阅历、知识积累、深入浅出的课堂学习、特殊生活环境、国家发展的佐证、社会事件的佐证、国家意识形态等。

表 6-2　开放性编码示例

原始语句	编码	概念化	范畴化
我觉得中国能够从近代到新中国成立发展到现在是得益于这个理论的指导，所以我对它是挺积极的	a1 新中国成立发展到现在的佐证	国家发展的佐证	国家发展的佐证；深入浅出的课堂学习；特殊生活环境；马克思主义的科学性；家庭影响；社会事件的佐证；……
（高中是）非常重要的阶段。再加上我那个政治老师讲课讲得很好，她讲马克思主义讲得非常清楚，让我感觉不是死记硬背，而是把它理解了	a2 老师讲得非常清楚，便于理解	老师讲解生动有趣，贴近现实	
因为我从小就在军区长大，周围的人、哥哥都是当兵的、都是军人，所以我在这个环境里就会觉得就应该这样，就会形成一种积极的态度	a3 军区长大，特殊生长环境	特殊生活环境	
更多的是在看关于近代史的相关知识时，感受到近百年国家的巨变，才更加坚定我的马克思主义信仰	a4 感受到近百年国家的巨变	国家发展的佐证	
马克思主义能解释我看到的问题，解释一些丑陋的资本主义的问题解释我的困惑等，我觉得它就是对的	a5 马克思主义能解释我的困惑和看到的问题	马克思主义对现实的指导性	
高考完之后上网逛知乎啥的，对世界有更深的了解，然后会考虑资本主义和马克思主义之类的问题	a6 上网逛知乎	偶然事件（契机）	
我爷爷是老党员，特别信仰这个，我就是待在他身边，特别喜欢听他讲这些方面的知识呀、故事呀	a7 从小听家里的党员讲故事	家人熏陶	
身边的一些事情也验证了它的正确性，就像中美贸易战和经济战这些，验证了马克思主义经济学的一点猜测	a8 时事政治验证了马克思主义的猜想	时事政治的佐证	
……	……	……	

主轴性编码是一个重新组合的过程，是在一级编码所获得的范畴的基础上，通过分类、比较、整合为一个融贯整体的过程，并在过程中区分出主要范

畴和次要范畴。① 主轴性编码旨在发现并建立概念与范畴之间、主范畴与次范畴之间的各种联系，使得这些范畴能展现出资料中各部分的有机联系。本研究通过分析一级编码阶段获得的 16 个范畴之间的内在关系和逻辑，提取出了 4 个主范畴。4 个主范畴及其对应的次范畴以及二者的内在关系见表 6-3。

表 6-3　主范畴与次范畴及其内涵关系

主范畴	次范畴	内涵关系
环境影响	家庭环境的影响 朋友同学的影响 媒体生产内容的影响 国家意识形态的影响	环境对于信仰的形成至关重要，无论是家庭环境的熏陶，还是学校中同学、朋友的影响，抑或是诸如红色影视剧、新闻资讯等媒体生产内容都会在潜移默化中持续地产生影响。更宏观的环境如国家意识形态，若不是在社会主义国家，或许很难有机会去学习和了解马克思主义。这些环境都会为大学生马克思主义信仰的形成奠定基础
理性认同	课堂学习 知识积累 党课学习 个人阅历	信仰的形成建立在了解和认同的基础上，对于马克思主义的认同主要是通过课堂学习以及日常学习生活中的知识积累，党员还通过党课等形式进行学习和了解，并结合现实问题的学习对马克思主义有了更深入的认识，逐渐对其产生认同和信任
价值共鸣	国家发展的佐证 社会事件的佐证 马克思主义的吸引力	信仰的形成还需情感的助推。马克思主义本身的价值取向以及共产主义的最终目标让人心生向往。加之新中国成立以来的复兴之路与马克思主义紧密联系，发展的事实佐证有助于马克思主义信仰的树立与坚定
关键事件	特殊生活环境 偶然事件（契机） 深入浅出的课堂讲解	马克思主义信仰的形成可能不是一帆风顺的，有时需要一些关键事件的促进。例如需要有一个会讲课的老师吸引同学听讲，将同学带进马克思主义的世界；需要有一些契机去更深入地认识和理解马克思主义信仰，搭建起从认识到信任到信仰的桥梁

核心式编码又称选择式编码，重点在于"选择"这一"核心"，指从已发现的主范畴中甄选核心范畴，并确定它们之间的联系。核心范畴就像一个渔网的拉线，需要将最大多数的研究结果囊括在内。根据分析，本研究梳理出大学生马克思主义信仰形成的核心范畴是"社会环境"、"个体认知"以及"关键事件"，并由此建立起基于扎根理论的大学生马克思主义信仰形成的初步模型（见图 6-1）。

---

① 瞿海源，毕恒达等.质性研究法［M］.北京：社会科学文献出版社，2013：65.

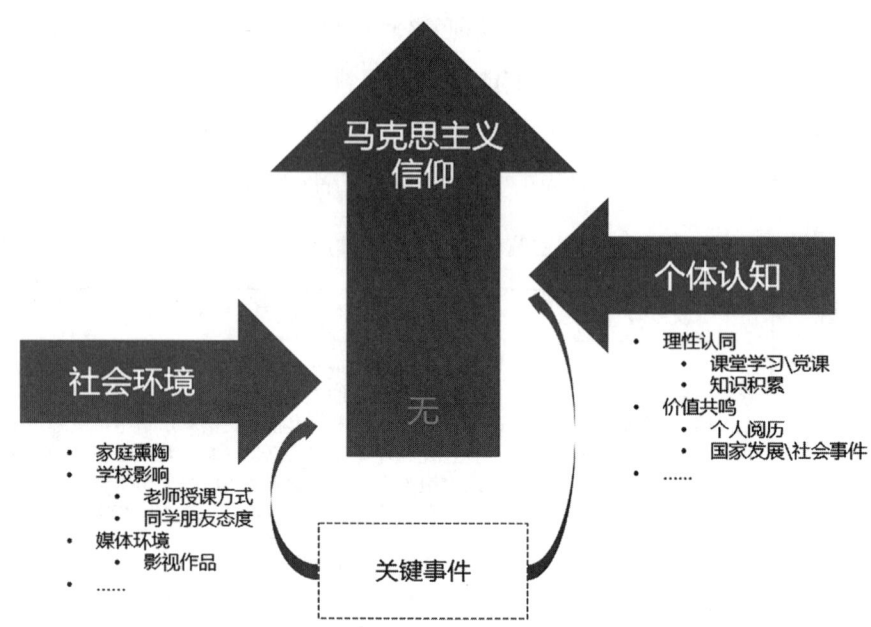

图 6-1　核心范畴的逻辑关系及马克思主义信仰初步生成模型

"社会环境"是影响马克思主义信仰生成的重要外因,典型的"社会环境"包括家庭、学校、媒体等。家庭方面主要指家庭环境的熏陶、家人的影响;学校层面主要指老师的授课方式以及同学、朋友等;媒体环境方面主要包括红色影视作品、《感动中国》等节目以及新闻资讯、新媒体平台对于马克思主义的分析、评价等。"内因"即"个体认知",是马克思主义信仰形成的决定性因素。个体认知主要包括理性和感性两方面。理性认识主要是指通过课堂学习、作业练习、党团活动等对马克思主义有了更深入的认识和了解;感性认识是指随着个人阅历的增长,感受到自新中国成立以来国家的发展,结合社会生活与社会事件,激发了自身对马克思主义的认同感和情感共鸣。"关键事件"主要指影响学生对马克思主义的兴趣、转变学生对马克思主义的态度、促成马克思主义信仰的关键事件或特殊环境等。例如,大学生入伍、考研政治学习、家庭党员氛围等。

根据核心范畴之间的内在逻辑联系,结合前述 16 个范畴,本研究勾勒出以下马克思主义信仰形成的"故事线":马克思主义信仰的形成由外部因素"社会环境"和内部因素"个体认知"共同作用而形成,二者主要发挥作用的阶段不尽相同。"关键事件"是马克思主义信仰形成过程中的触发器或催化剂。

"社会环境"主要影响大学生对马克思主义的兴趣和态度，大学生在其中会潜移默化地形成关于马克思主义的认知。例如，通过家里老一辈人讲述红色故事、和家里人一起看红色影视剧等途径，逐渐培养起调查对象对于红色文化、马克思主义的模糊概念和初步好感。深入浅出的马克思主义理论的教学会吸引学生听讲，进而使其了解马克思主义。除此之外，同学、朋友也会对调查对象的马克思主义信仰的形成产生影响，同学、朋友对待马克思主义的态度会影响调查对象对待马克思主义的态度。若同学、朋友热衷于马克思主义，在其影响下，调查对象便会积极地对待马克思主义，反之则相反。另一方面，若信仰和不信仰马克思主义的同学、朋友日常行为表现得不太一样，在某种程度上会刺激调查对象产生想要成为其中某种人或不成为某种人的心理动因，从而对其态度产生影响。

在外因确定的情况下，内因起决定作用。外因通过内因起作用。"个体认知"的变化与深化会促进调查对象对马克思主义的进一步理解与认知，进而促使其形成马克思主义信仰。调查对象主要以"被动学习"的方式学习马克思主义，即通过课堂、考试等方式，党员同志还包括一些党团活动，只有少数同学会主动去获取马克思主义研究资料。系统的学习会帮助调查对象更深刻地理解马克思主义及其科学性。另一方面，随着调查对象的年龄增长和人生经验、阅历的提升，思考问题也会更深入，会更容易理解和感受马克思主义的魅力。当调查对象被国家发展、现实生活、社会事件所触动，国家发展、现实生活以及社会事件都佐证了马克思主义的科学性、适用性时，调查对象会对马克思主义产生认同，并逐渐形成马克思主义信仰。

简言之，调查对象因为社会环境的影响而对马克思主义产生兴趣，并产生初步的印象和认识；课堂学习等方式使其关于马克思主义的理解更为体系化和深入；随着年龄增长、人生阅历的丰富，其对于马克思主义的理解将更为深刻，能进一步感受到马克思主义的魅力，从而形成对马克思主义的认同与信任、信仰。而当调查对象被国家的发展以及现实生活、社会事件所触动并感受到马克思主义的科学性、适用性时，将会进一步产生价值、情感上的共鸣，进而促进其马克思主义信仰的形成。

基于以上研究发现（马克思主义信仰主要是由"社会环境"和"个体认知"所促成，"关键事件"在其中起到触发器或催化剂的作用），结合前述主范畴与次范畴，本研究构建起了马克思主义信仰生成模型（见图6-2）。其中，家庭环境、媒体生产内容、同学和朋友的态度以及老师的授课方式会影响调查对象对于马克思主义的兴趣程度以及认知程度。而最为关键的则是老师的讲解方式：良好的教学方式有助于调查对象正确认识、理解马克思主义，并对其产生积极态度。大学生通过思想政治理论课课堂以及党课等方式学习将深化其对马克思主义的认知，进而推动认同的形成。随着个人阅历的丰富以及知识的积累，调查对象感受到历史以及现实事件对马克思主义的科学性、适用性的佐证，会进一步增加认同、强化信任。通过外界环境的塑造和个人的努力，马克思主义信仰会逐渐生成和强化。而国家意识形态作为宏观社会环境，无论是对"社会环境"的氛围抑或是"个人认知"的方式和内容均会产生重要影响。

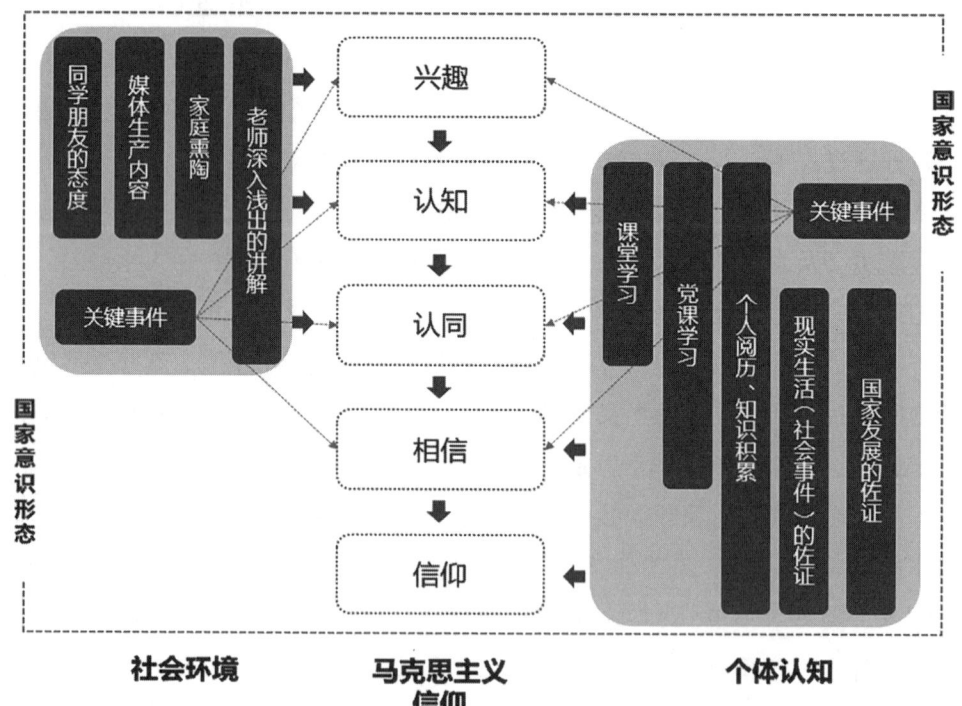

图6-2 大学生马克思主义信仰生成模型

三、结论与讨论

本研究借助扎根理论，对具有马克思主义信仰的大学生进行访谈，探讨了大学生马克思主义信仰的生成路径。主要研究结论如下：

1. 马克思主义信仰的生成和确立是内外因相互作用的过程，是社会与个人共同努力的结果。外因主要是指家庭环境，同学、朋友的态度，媒体环境，老师的授课方式等"社会环境"因素；内因即"个体认知"，主要包括理性认识和价值共鸣两部分。理性认识主要包括通过学习和知识积累形成对马克思主义的系统性认知和个人阅历提升所带来的认知提升、认同感的增强。价值共鸣主要是在个人知识积累和阅历提升的基础上，基于对国家发展、社会事件、现实生活更深入的思考和对马克思主义科学性、适用性以及指导性的深刻认识，逐步确立马克思主义信仰。

2. 马克思主义信仰的确立往往不是一帆风顺的，一方面会存在外界的压力，例如某些同龄人的消极态度、考试的压力等；另一方面会存在对关键问题的质疑，例如马克思主义究竟是什么？有什么用？怎么用？马克思主义能够指导未来的社会吗？共产主义能不能实现？……因此在环境影响和个体认知两大因素外，还需要一些关键事件来激发学生对马克思主义的兴趣，促进学生对马克思主义的认识与认同。本研究的受访者所提及的特殊生活环境及特殊事件包括军区大院或全家都是党员的生活环境，入伍或考研，思政课授课方式生动有趣、贴近现实等。

本研究结论对高校思想政治理论课教学的启示主要有以下两点。

一是思政课教师要注重思想政治理论课教学方式。同学们不是天然排斥马克思主义的，只是排斥照本宣科、古板、呆板的教学方式。思想政治理论课教师需要结合现实生活、时事热点，深入浅出地为同学们讲解马克思主义，也可以创新授课方式，例如本研究有位受访者提到的其高中政治老师采用的课堂辩论、组织学生写推送等授课方式。

二是马克思主义教育可与爱国主义教育或中国近现代史等课程结合起来开展。多数受访者表示，看到新中国成立以来的发展变化，会感受到马克思主义的迷人之处和真理性所在。

除此之外，笔者在访谈中还注意到，调查对象对于什么是信仰、什么是马克思主义、什么是马克思主义信仰缺少基本的认知，这从侧面反映出，一方面，大学生的信仰教育缺失，另一方面，初、高中或大学的马克思主义教育在一定程度上并没有解决最基本的问题，即什么是马克思主义的问题。

本研究的不足之处在于：访谈对象的选择主要集中在一个学院内，虽然这一抽样研究所得出的结论对该学院学生的解释性更强，但并不具有更广泛的代表性，因此样本选择有一定局限性，导致结论的适用范围受限。另外，考虑到国情不同，文献综述部分只是对国内研究现状的综述，介绍的是国内学者的观点和研究成果；对于与本研究相关的认同理论等没有涉猎，因此本研究的理论基础有欠缺，视角有待于拓展、深化。

附录

访谈提纲

1. 您为何会信仰马克思主义？（例如：是被马克思主义的科学性所吸引？还是因为马克思主义信仰帮助你解决了生活中的问题等？）

2. 请问您第一次接触或了解马克思主义是在什么时候？通过什么渠道？

3. 您是从一开始就对马克思主义感兴趣吗？（如果不是）那是什么让您对马克思主义的态度发生变化，产生了兴趣？（如果是）那之后就凭着这份兴趣开始学习马克思主义？在这一过程中，您对马克思主义的态度发生了怎样的变化？

4. 您第一次主动学习马克思主义是在什么时候？为什么会想要主动去了解马克思主义？自己主要通过哪些渠道去了解、学习马克思主义？

5. 除了自主学习之外，请问您接触或了解马克思主义的主要渠道还包括哪些（例如家庭环境、学校教育、社会熏陶等）？

6. 您认为哪些渠道对您的马克思主义信仰的形成发挥了主要作用？

7. 您的朋友/同学/家人/老师对您的马克思主义信仰的形成有怎样的影响？

8. 您是否通过媒体渠道接受过关于马克思主义的知识或宣传？关于马克思

主义信仰呢?您认为当前的媒体环境/网络环境对马克思主义信仰的形成会产生什么样的影响?

9.请问您是否是党员?是否经常参与党团活动?这些党团活动以及党课学习对于您马克思主义信仰的形成是否有影响?有多大的影响?

第七章 历史记忆与国家认同

——滇西多族群社会中的三崇信仰研究[①]

○ 杨江林[②]

三崇信仰是滇西边地普遍存在的文化现象,在滇西的云龙、腾冲、盈江、六库,以及缅北江心坡等地普遍建有三崇庙,供奉三崇神王骥,并将其视为区域社会的保护神。据笔者调查,滇西地区目前尚存三崇庙40余座[③],信众主要为当地汉族、白族、阿昌族和傈僳族等。改革开放以来,滇西三崇信仰不断复兴。云龙地区视三崇神如东南沿海的妈祖,并将其塑造成威震滇西、维护祖国统一、保境安民、护佑出行平安的保护神。目前,滇西三崇信仰表现为区域性、跨族群等特征,并已成为滇西各民族延续历史记忆、表述国家认同的重要纽带。

在《论集体记忆》中哈布瓦赫指出,集体记忆是一个社会建构的过程。哈布瓦赫所理解的集体记忆是对过去的一种重构,使过去的形象适合于现在的信仰与精神需求。[④] 保罗·康纳顿的《社会如何记忆》主要探讨群体的记忆如何传播和保持,并强调权力在社会记忆建构中的作用。[⑤] 从当下来看,历史记忆

[①] 本文是2021年国家社科基金西部项目"'三征麓川'历史记忆形塑滇西各民族的国家认同研究(21XMZ021)"阶段性成果。
[②] 杨江林,男,白族,民族学博士,云南民族大学民族博物馆馆长,主要从事西南民族史研究。
[③] 笔者于2019年1-2月对滇西三崇庙分布进行调查,在腾冲地区有4座,盈江县有3座,泸水县老窝乡有1座,其余30多座主要分布在云龙县境内。据传印度东南和缅北江心坡也有三崇庙,以上三崇庙目前全部供奉三崇神王骥。
[④] 哈布瓦赫.论集体记忆[M].毕然,郭金华,译.上海:上海人民出版社,2002.
[⑤] 康纳顿.社会如何记忆[M].纳日碧力戈,译.上海:上海人民出版社,2000.

也是国家认同建构研究的重要内容。何博指出，在"国家认同"路径探析的过程中，我们必须立足于中国的历史、传统和国情，强化我们共同的历史记忆，在共同的"历史认同"基础上激发全体中国人的国家认同意识。[①] 赵琼通过对共同体祖先叙事的考察指出："对共有历史记忆的追述，是共同体在建构国家认同时不可或缺的维度。"[②] 融合了历史记忆的地方英雄崇拜也成为国家认同建构的重要形式。高志英基于腾冲等地傈僳族"刀杆节"的研究指出，将王骥加以神圣化、崇拜，是滇西傈僳族与汉族接触过程中将本民族原始崇拜与汉族民间信仰相互交融基础上共创、共享的一种区域文化，显示出国家认同。[③] 熊迅也基于傈僳族"刀杆节"仪式讨论傈僳族的国家认同。[④]

以上研究围绕仪式和节日来探讨族群关系和国家认同，但均未突破族别研究范式，关于"刀杆节"的研究忽视了仪式本身所承载的历史记忆。20 世纪 80 年代费孝通先生提出"藏彝走廊"的概念，并强调重视区域（族际）研究，以此来认识中国历史上的民族关系。[⑤] 王铭铭等关于"中间圈"的研究主要探讨历史上汉与周边民族的互动关系。[⑥] 本研究基于滇西三崇信仰的跨族群特征，通过史料梳理和田野考察，分析王骥进入滇西三崇信仰的历史过程，探讨滇西各民族如何借用三崇信仰来延续对"三征麓川"历史的国家记忆，表述国家认同，构建滇西各民族共有的精神家园。

一、"三征麓川"：滇西社会的国家记忆

三崇信仰最初是对云龙旧州三崇山麓三个主峰的祭拜，属云龙本土的自然崇拜。明嘉靖年间，云龙土知州段文显在三崇山麓建三崇神祠，行春秋祭祀之

---

① 何博. 历史记忆与国家认同 [J]. 思想理论教育，2015（1）：54.
② 赵琼. 国家认同建构中的历史记忆问题——以对共有祖先的追述为视角 [J]. 中国政法大学学报，2014（3）：86.
③ 高志英，王东蕾. 王骥崇拜看中缅傈僳族的多重认同演变 [J]. 云南社会科学，2013（5）.
④ 熊迅. 仪式结构与国家认同：跨越中缅边境的傈僳族刀杆节 [J]. 西南民族大学学报（人文社科版），2010（12）.
⑤ 费孝通. 关于我民族识别的问题 [J]. 中国社会科学，1980（1）.
⑥ 王铭铭. 中间圈："藏彝走廊"与人类学的再构思 [M]. 北京：社会科学文献出版社，2008.

礼，云龙的本土信仰于是进入了官方祭祀体系。① 明清时期，云龙盐业开发推动了五井地区的社会发展，三崇神也经历了从山神到人格神，再到地方英雄王骥的发展演变过程，这与明正统年间"三征麓川"的历史事件密不可分。

麓川位于今云南德宏州瑞丽、芒市、陇川一带，与缅甸接壤，元朝在其地置有宣慰使司。明太祖朱元璋平定云南后，于洪武十七年（1384）置军民宣慰使司，以其地部族首领为宣慰使。明英宗正统二年（1437）十月，麓川宣慰使思任发叛乱，侵犯保山、腾冲等地，由此引发了著名的麓川之役。因云南沐氏家族征剿不利，正统六年（1441），明英宗命兵部尚书王骥总领军务，出兵麓川，王骥于正统六年（1441）、八年（1443）、十三年（1448）三次出征麓川，平定土司叛乱，史称"王骥三征麓川"。② 滇西少数民族普遍认为王骥"三征麓川"是维护祖国统一、稳定边疆社会的历史壮举。③ 王骥（1378—1460），字尚德，明朝北直隶保定府束鹿县（今河北辛集市）人，擅骑射，文武双全。明永乐四年（1406）进士，为兵部给事中，后于明宣宗时任兵部尚书。据《明史》记载："（王骥在参与了英宗复辟、被复任命为兵部尚书理兵部事后）数月请老，又三年乃卒，年八十三，赠靖远候，谥忠毅。"④ 即王骥在北京参与了"夺门之变"⑤后数月，请老告退。又过了三年，辞世，享年83岁。去世后，他被追封靖远侯，谥号"忠毅"。

然而，滇西少数民族地区普遍流传王骥在"三征麓川"中被毒害于当地的传说。据说傈僳族的"刀杆节"就是为了纪念王骥守卫边疆而设，上刀山、下火海的仪式就是模仿王骥攻打腾冲城的表演。云龙旧州下坞地区的白族群众认为，"过去三崇本主带兵征麓川时，每逢攻城就架云梯，从云梯的刀尖上攻进去，所以后来举行上刀山活动是为了纪念本主老爷和他的士兵，学习他们的勇敢精神。下坞的本主会是一年一小会，三年一大会，在做大会时就要举行上刀

---

① 邹应龙，修.李元阳，纂.刘景毛，江燕，等点校.万历云南通志（下）[M].北京：中国文联出版社，2013：1070.
② 方国瑜.云南史料丛刊（第三卷）[M].昆明：云南大学出版社，1998.
③ 旧州上甸尾三崇庙碑，杨周奇2019年2月抄录于上甸尾三崇庙。
④ 载张廷玉等纂修：《明史》（卷一七一），第13页．
⑤ 夺门之变，又称南宫复辟。指景泰八年（1457年），被明代宗囚禁于南宫的明英宗朱祁镇夺门复位、王者归来的历史事件。

山活动"①。滇西傈僳族关于"刀杆节"的传说与云龙白族的传说基本一致，均与"三征麓川"的历史密切相关。相传三崇本主是被羊肉红豆汤毒害，所以现在云龙地区在供奉三崇本主时仍保留先尝后祭的习俗，以表明祭品无毒。有的地方甚至严禁在三崇庙杀羊、祭羊肉和红豆等。在漕涧地区三崇被毒死于漕涧嘎窝的传说仍十分普遍，据村民龚学勤介绍：

> 三崇原来在腾冲建城，后来要到京城开会。春节快到了，他和大儿子说，过年也不要放假，我们就赶紧把腾冲城建完。父亲走了以后，工匠和他大儿子说，我们家里有老有小，春节就要到了，放给我们几天假，我们就回去看看老人和孩子。大儿子心软就说：不怕，我放给你们5天假，但是5天后你们要赶紧回来。大家回去后一个都不想回来。父亲回来以后，发现一个工人都没有，就把大儿子拉出去宰了，然后把黄榜到处贴出去。那些工匠看到后就说，不好了，他儿子放给我们假，我们不回去，他把大儿子宰了。他们就拼命地跑回来造腾冲城，再造了36年就把腾冲城造好了。后来他又来到了漕涧，部队驻在仁德一碗水那边，仁德人就在那水井里放毒药，把他们一家都毒死了。吃了毒药后，他的三儿子就说漕涧这里乱，要到云龙（旧州）搬救兵。三儿子跑到旧州斋公房就死了，那里就叫（白）三子，还立了三太子庙。 大儿子被他杀了，二儿子被毒死了，三儿子死在斋公房。（明朝）知道他被毒死以后就封其为兵部尚书，当地人就给他建了庙。②

这一传说在云龙白族当中非常流行。由于王骥大儿子在腾冲被杀，漕涧的三崇庙均不供奉大儿子的塑像。云龙民间将雍正《云龙州志》记载的"相传三崇为汉将，于漕涧中彝（夷）毒"的传说与王骥"三征麓川"历史相融合。因此，传说就演变为王骥"三征麓川"时被毒死于漕涧。在滇西腾冲、盈江等地的汉族、傈僳族中也普遍流传类似传说。腾冲滇滩镇联族社区有一座三崇庙，

---

① 政协云龙县委员会.云龙文史资料（第七辑）[M].内部资料，2000：294.
② 龚学勤，男，白族，72岁，漕涧村人。2018年8月2日，漕涧玉皇阁。

每年农历二月初八在庙前举行"刀杆节"活动,张祥德老人认为:

> 王骥建腾冲城,当时他回京城了,三年才回来一转。后来发现(建城)进展很慢,就杀了大儿子,工程进度就快了,腾冲城也提前建成,而保山永昌府还没有建完。他回来到永昌时,当地官员杀羊肉给他吃,就把他毒死了。传说他的阴魂不散,到皇帝那里伸出一只鸡脚,皇帝知道他被毒死的真相后就封他为鸡足皇帝,然后就塑像建三崇庙纪念他。①

滇西傈僳族也普遍将"刀杆节"的起源与王骥"三征麓川"历史相关联。② 据传"为了让傈僳族人民过上好日子,朝廷派兵部尚书王骥带兵到边境一带安边设卡。王骥让散居的傈僳族聚集起来,饲养牲畜,发展农业生产,眼看外敌就快被赶出边境、人民将过上幸福的日子,这时朝廷里的奸臣却上书皇帝,诬告王骥练兵是为了造反,要自立为王。于是皇帝大怒,召王骥回朝廷,并在农历二月初八为他洗尘的酒席上用毒酒毒死了他"③。又有传说是在牛羊肉中放毒,因此上刀山的"阿塔登尼扒"禁吃牛羊肉。他(王骥)知道傈僳人民没有忘记他,就腾云驾雾来到边疆,传口信给傈僳人说二月初八你们可以爬龙凳、上刀杆,上到刀杆顶就可以求得上天保佑平安、求得好年辰了。④

以上传说具有共同的叙事结构,均表述了当地人供奉王骥的原因:"三征麓川"的历史记忆是供奉王骥的基础;三崇(王骥)被毒死于当地是各民族的共同表述;王骥"三征麓川"有功于地方社会并被国家封神是将王骥神圣化的过程;三崇庙是为纪念王骥"三征麓川"做出的贡献。熊迅基于古永傈僳族"刀杆节"的调查指出,来自帝国权力核心的"王尚书"成为偏僻的古永傈僳族仪式活动的神灵,和中国民间流传的相当多的故事脚本一样,那些诚心护民、受

---

① 张德祥,男,汉族,70 岁,腾冲滇滩镇麻栎坝村。
② 1949 年以前,在滇西地区只要有三崇庙的地方就举行"刀杆节",今天傈僳族的"刀杆节"也仍在三崇庙前举行。
③ 邓阿冷. 傈僳族民间故事[M]. 昆明:云南人民出版社,1984:109-110.
④ 高志英,王东蕾. 从王骥崇拜仪式看中缅傈僳族的多重认同演变[J]. 云南社会科学,2013(5):112.

到底层民众拥戴的"好官"却总在权力中心受到排挤和打压,最后惨死而成为受到人们拜祭的神灵。① 可见,"三征麓川"的历史是王骥进入三崇信仰体系的基础,来自帝国权力核心的王骥成为边疆民族对国家记忆的重要载体。

此外,腾冲石头城,滇滩的水城、滇滩关、将台等建筑遗址也被认为是明朝中期兵部尚书王骥将军在"三征麓川"时为抵御缅甸外侵者而建立。② 近年,滇滩镇还在镇政府所在的联族社区修建了王骥铜像,并记叙"三征麓川"的历史,以纪念王骥保卫边疆、建设边疆所做出的贡献。在云龙的漕涧嘎窝村等地也流传着王骥驻军的传说。大明帝国"三征麓川"的历史事件作为滇西各民族三崇传说的重要内容,成为滇西各民族共同的历史记忆,这也是边疆民族对国家的记忆。王骥作为国家在滇西社会治理的象征性人物,也是三崇信仰的文化建构的核心标识。

二、三崇信仰的王骥建构

关于云龙本主,清初的史料《云龙记往》和雍正《云龙州志》有不同记载。《云龙记往》记载,明初云龙土酋段保带兵随明朝官兵攻打洱源佛光寨,初战不利,后得到鸡足山山神的帮助,攻破佛光寨,活捉普颜笃。段保因立军功,被明朝封为云龙世袭掌印土知州。"保报功后,至鸡足山访,土人曰:'此山有鸡足皇帝之神',保谐祭归,遂绘画其像,为云龙土主神,人有疾病,祷则愈,至今土民祀之。"③《云龙记往》认为云龙本主为鸡足山神,这显然是以大理洱海移民为主体的文化建构。据徐嘉瑞调查,唐代征南(诏)将军费德暗被大理古城的白族奉为本主,封号为鸡足皇帝。④ 因此,云龙诺邓等地流传的《三崇诰》指出:"崇山胜景,鸡足灵峰。唐代出身,能以孤忠扶国运;明时显圣,恒将至德裕民生。与物为春,泽沛弥灾恢众志;代天宣化,扶良除暴察舆情。"⑤

---

① 熊迅.仪式结构与国家认同:跨越中缅边境的傈僳族刀杆节[J].西南民族大学学报,2010(12):48.
② 滇滩镇志编纂委员会.滇滩镇志[M].昆明:云南人民出版社,2014:360.
③ 政协云龙县委员会.云龙文史资料(第七辑)[M].内部资料,2000:4.
④ 徐嘉瑞.大理古代文化史[M].昆明:云南人民出版社,2005.
⑤ 李文笔,黄金鼎.千年白族村——诺邓[M].昆明:云南民族出版社,2004:140.

明代中后期，大理鸡足山兴起，并在洱海地区具有重要影响力。随着云龙盐业开发，洱海地区的大量移民进入云龙盐井地区，鸡足皇帝开始融入云龙本土的信仰体系，这也是洱海移民融入云龙地区的一种文化策略。雍正《云龙州志》记载："相传三崇为汉将，于漕涧中夷毒，故祭如此，然灵应甚著，祷赛者无虚日。"① 这一记载表明"三崇"为汉将，但并没有指出三崇就是王骥，且清初的史料《云龙记往》、康熙和雍正《云龙州志》均未提及王骥与"三征麓川"的历史事件。可见，在清雍正以前"三崇"并非指王骥。但"三崇为汉将，被夷人毒死于漕涧嘎窝"的传说与"三征麓川"的历史有着密切关联。据《明史》记载，明初，明军与麓川叛军曾在上江②一带发生了激烈战斗，右都督方政曾在这里全军覆没，③而今天的泸水县上江镇距漕涧嘎窝仅34公里。因此，王骥驻军于怒江东岸的漕涧是非常有可能的，且当地也普遍流传王骥驻军的传说。"三征麓川"中有将领葬于漕涧嘎窝是有可能的，但并非王骥本人。有学者认为是平叛不利而在怒江自杀的沐晟④，也有学者认为是王骥的将领宫聚⑤。漕涧与旧州仅一山之隔，明清时期，从云龙五井到腾冲的运盐道路必经旧州三崇山，再过漕涧嘎窝。旧州的三崇信仰传入漕涧后，云龙民间已流传"三崇为汉将，于漕涧中夷毒"的传说。到清代晚期，光绪《云龙州志》直接指出："三崇神，姓王讳骥"，并描述了王骥"三征麓川"的历史过程。⑥可见，王骥成为滇西各民族共同供奉的三崇神经历了不断发展和建构的历史过程。

法国社会学家涂尔干指出，宗教力就是人类的力量和道德的力量，宗教信仰就是对社会本身的信仰。⑦《宝丰三崇庙简介》碑文指出，"三崇"是救当地人民于水火之神。关于三崇的民间传说并非空穴来风，而是明清以来滇西社会

---

① 陈希芳, 编纂. 周祐, 校点. 云龙州志（雍正本）[M]. 政协云龙县文史资料研究委员会, 云龙县志编纂委员会（内部资料），1987：44.
② 上江即今怒江州泸水县上江镇, 位于怒江西岸, 距云龙漕涧镇仁德村约40公里.
③ 尤中. 明朝"三征麓川"叙论 [EB/OL]. (2015-07-29) [2022-08-30]. https://www.doc88.com/p-1082175453042.html.
④ 周祐. 云龙本主三崇建国鸡足皇帝微探 [M]. 杨政业. 本主文化论. 大理：大理州文化局（内部资料），2000：212.
⑤ 宝丰三崇庙简介, 杨周琦 2019 年 2 月抄录于宝丰三崇庙.
⑥ 张德霈, 等修. 杨文奎, 纂. 云龙州志 [M]. 光绪十八年（1892），云龙县志办手抄本.
⑦ 涂尔干. 宗教生活的基本形式 [M]. 渠东, 汲喆, 译. 上海：上海人民出版社, 2006：552.

秩序的反映，也是民间对"三征麓川"保境安民历史事件的认可和纪念，王骥是这一历史事件中的标志性人物，成为国家维护滇西社会秩序的象征。杨庆堃指出："世代延绵的民间英雄崇拜与历史人物生前的贡献、社会影响，以及地方的社会危机密不可分，而创造神话传说是必不可少的阶段。"① 王骥进入三崇信仰体系是基于明清时期滇西社会动乱，各族人民渴望社会治理而在云龙本土信仰之上不断建构的结果，并在晚清、民国时期达到了高潮。而舒瑜等所认为的王骥作为开拓腾越、征服麓川的英雄，保障了五井之盐的流通，有功于盐井地区而被奉为云龙本主②则是三崇信仰文化建构的结果。此外，云龙民间认为，王骥"三征麓川"之前曾镇守甘肃、山西，多次抵抗外敌入侵，为民解除疾苦，奏免山西盐池补课二十余万两。③ 所以，云龙盐井地区供奉三崇神王骥也与其对盐业的支持有一定的关系。

王骥成为滇西汉族、白族、傈僳族、阿昌族共同供奉的三崇神与明清以来云龙五井盐业贸易与滇西盐路防卫密不可分。嘉靖《大理府志·市肆》记载："后开五井，始分行盐，地方台井之盐，专行大理，五井之盐，专行永昌。"④清代滇西保山、腾冲等地仍为五井之盐销岸区⑤，并在云龙五井到腾冲、缅北地区之间开辟了两条盐路。据赵敏考察，"云龙五井通往保山、腾冲、缅甸的盐马古道主要经石门盐井—宝丰盐井—大栗树—功果，然后分为两条支路：（1）功果—瓦窑—保山—腾冲—缅甸；（2）功果—金和—翻越漕涧山梁—漕涧—六库—片马—缅甸。清代回民起义领袖杜文秀于 1862 年在云龙境内澜沧江上修建了飞龙桥后，盐马古道路线改为：石门盐井—天池—海仓—飞龙桥—旧州—西管—翻越漕涧山梁—漕涧—下澡塘—孙竹—董三湾—怒江栗柴坝渡口—蛮宽—蛮因—灰坡山梁—斋公房—翻越高黎贡山—腾冲。"⑥ 明清时期，云龙五井官盐沿这两条盐路源源不断地运往滇西边地，滇西盐业贸易成为云龙五井地区的经济命脉，并一直延续到晚清、民国时期。

---

① 杨庆堃.中国社会中的宗教［M］.范丽珠，译.成都：四川人民出版社，2016.
② 舒瑜.试论云龙诺邓的"三崇"信仰［M］.大理民族文化研究论丛（第五辑）.北京：民族出版社，2012：465.
③ 宝丰三崇庙简介，杨周琦 2019 年 2 月抄录于宝丰三崇庙.
④ 李元阳.嘉靖大理府志［M］.大理白族自治州文化局内部资料，1983：113.
⑤ 张德嶹，等修.杨文奎，纂.云龙州志［M］.光绪十八年（1892），云龙县志办手抄本.
⑥ 赵敏.洱海区域的盐井与南诏大理文化［J］.大理学院学报，2012（5）：3.

然而，历史上滇西社会环境并不太平。自明代中期以后，地方战乱不断，土司争斗，土匪横行，滇西傈僳时常抢掠，严重危及滇西盐路畅通和盐业贸易。据雍正《云龙州志》记载，万历四十五年（1617）土知州段嘉龙被舍目段进忠所杀，段氏土司因多次发生袭职之争，而被明王朝改土归流，其核心是要维护滇西盐路畅通。为加强对云龙五井盐业的控制，明万历四十三年（1615），两台疏请得旨改知州为流官，并将浪穹县的箭杆、师井、诺邓、上五井、十二关、顺荡等地划归云龙州管辖。①明天启初年，阿昌林养中聚众抗纳赋税，驱逐流官；清康熙年间的吴三桂叛乱，咸同年间的杜文秀回民起义和晚清西南边疆危机等都严重危及滇西的盐业贸易。②于是，民间将希望寄托于地方神灵，王骥因"三征麓川"而威震滇西，自然就成为滇西社会中保境安民的三崇神。清光绪年间，大理一带发生"红白两旗之乱"，宝丰、天耳井等地的三崇庙均毁于战乱。据传官军与乱军作战中三崇显圣，官军打了胜仗，战乱平息后，地方政府拨款重建三崇庙。此后到民国时期，只要发生战乱，当地就有"三崇显圣"之传说。③

　　大约是民国年间的事，那时社会动荡，有一年土匪张结巴领着一队人马准备抢劫诺邓。那是一个早晨，天还没有亮，浓雾就像锅盖一样把诺邓罩得严严实实，张结巴一帮人站在北面山头用望远镜也看不清楚村里的动静，只有等着天亮再行动。有个诺邓人恰好从村外回来，看见这群土匪站在山头上，于是赶快从小路跑回村里报讯，大家就互相喊起来，赶紧做准备。天慢慢亮了，张结巴的队伍也要准备进攻了，他们突然发现一时间诺邓四面山坡上全部布满了兵马，密密麻麻的。张结巴一帮人被这么多兵力吓跑了，村里人后来才知道原来那是诺邓的神灵突然显灵，三崇骑着一匹白马，手持大刀，威风凛凛，带着千军万马站在北山上；城隍老爷也显灵，他的坐骑是一匹红色的高头大马，他带了另外的人守在东南山上，所

---

① 陈希芳，编纂．周祜，校点．云龙州志（雍正本）[M]．政协云龙县文史资料研究委员会，云龙县志编纂委员会（内部资料），1987：22．
② 陶胜辉．云龙县民族志[M]．昆明：云南教育出版社，1994：16．
③ 宝丰村委会．宝丰"三崇庙"被毁杂记．2019-02-07．

以张结巴才会被吓跑了。后来人们发现三崇庙的墙壁上写着一句话："恍分惚分，倏忽失我神威。"要不是三崇及时显灵，诺邓整个村子就完了。①

从史料记载来看，自明末云龙州治东迁雒马井（宝丰），云龙知州就承担着三崇庙的修建和祭祀活动。康熙和雍正《云龙州志》均记载："三崇祠，（宝丰）德龙山麓，知州顾芳宗重修，灵应如响，春秋致祭，土人以七月初十为神寿，祭赛甚丰。"道光《云南通志》记述："三崇神祠，在三崇山之麓（云龙州采访），道光五年知州袁继先重建。"光绪《云龙州志》记载："三崇祠，（宝丰）德龙山麓，知州顾芳宗重修，春秋致祭。今移建在州署之左，贼毁覆于光绪元年，地方重修。"可见，"三崇显圣"助官军平乱只是民间对官方重建三崇庙的附会，同时这也是对三崇信仰的建构。华琛在对妈祖的敕封过程研究中指出，在地方神信仰中国家强调的是结构而不是内容，国家鼓励的是象征而不是信仰。②明嘉靖年间，段文显在三崇山麓建三崇神祠是借三崇信仰来实现地方治理，明清以来流官知州延续了这一传统。然而，在社会动乱之中民间需要的是精神寄托，王骥因其历史功绩成为地方英雄人物而被民间所崇拜。

清初，云龙段氏土司分防怒江以西六库等地，六库、老窝等五土司地区均建三崇庙。清中期，漕涧左土司分治腾冲明光等地，三崇信仰传入腾冲北部地区，在滇西战乱之中王骥成为地方土司的战神；此后，三崇庙随腾冲明光杨、李、祝三姓迁入盈江昔马镇等地，③滇西盐业贸易和人口流动成为三崇信仰传播的重要载体。除云龙盐井地区外，滇西腾冲、盈江，甚至缅北地区也流传"三崇显圣"的传说：

> 盈江昔马镇的汉族认为，民国滇西抗战时，只要献祭三崇庙就很灵验，三崇显灵，百战百胜，日军把当地军队都看成了树木，然

---

① 舒瑜．微盐大义[M]．北京：世界图书出版公司，2010：212．
② 华琛．神的标准化：在中国南方沿海地区对崇拜天后的鼓励[M]．韦思谛，编．陈仲丹，译．中国大众宗教．南京：江苏人民出版社，2006．
③ 昔马镇三崇庙简介碑，2019年7月抄录于昔马镇三崇庙。

后就把日军打退了；过去当地土司与铜壁关土司打仗时都要献祭"三崇老爷"，三崇显圣，本地土司兵马就可以安全回来，一个都没有被打死。①

在《宝丰三崇庙碑记》中也指出：迤西一带相传三崇经常显圣，出现兵马，有将帅还有阴兵。缅甸玉石场传说更多，当正派商旅路遇土匪或地方官军抢劫，只要祷告求三崇保佑，会忽起云雾、对面不能相见而脱险，百姓信仰之。云龙地区将三崇视为滇缅一带最大的保护神，宝丰三崇庙还挂着"德布滇缅"的牌匾。

晚清、民国时期，在滇西社会动乱之际，民间对社会秩序充满期盼。通过地方知识精英的文化建构，王骥进入了三崇信仰体系，三崇作为滇西社会的保护神而成为国家在滇西社会治理的象征。在滇西三崇庙祭祀时，除献祭三崇神，当地人还特别强调要献祭兵马。他们认为，三崇是有很多兵马的，只有安抚了兵马，他们才能时刻保卫当地平安。兵马是以孤魂的形式而存在的，对兵马的献祭也就是对"三征麓川"阵亡将士的纪念。

三、三崇庙楹联：王骥形象的塑造

滇西三崇庙楹联主要基于"三征麓川"历史事件，赞颂三崇神王骥对滇西社会做出的贡献，是民间塑造王骥形象的重要内容。华琛指出，文化精英在文化标准化的过程中起重要作用，他们确保宗教信仰合乎全国公认的模式。② 地方精英在"三征麓川"历史基础上，以儒家正统思想将王骥塑造成威震滇西、保境安民的区域社会保护神，其间不同文化在三崇信仰中相互叠加，并在晚清、民国时期达到了高潮。滇西三崇庙保存了大量清代、民国以来的楹联，这些楹联大都出自地方知识分子之手，表达了王骥在地方知识分子中的形象，同时也是对王骥形象的再塑造，在滇西社会中具有教化意义，对民间的三崇信仰

---

① 李勇，男，汉族，58岁，昔马镇双坡村村民。
② 华琛．神的标准化：在中国南方沿海地区对崇拜天后的鼓励［M］．韦思谛，编．陈仲丹，译．中国大众宗教．南京：江苏人民出版社，2006．

产生了深远影响。滇西三崇庙楹联的主题可分为两类：以诸葛亮南征之举表王骥"三征麓川"之功；基于"三征麓川"历史记忆表达王骥对滇西各民族做出的贡献。

（一）以诸葛亮南征之举表王骥"三征麓川"之功

滇西大量的三崇庙楹联以诸葛亮南征表王骥"三征麓川"之功绩。清代云龙人周冶镐作漕涧三崇庙对联："继诸葛尽瘁南征，五月渡泸，深入不毛，遂令瘴染身躯，魂号江畔，若是仗节忠君，义气逼教漕水冷；效伏波从戎西域，三军用命，直捣荒服，致使尸裹马革，血流嘎窝，如此赤心卫国，威名宜并崇山高。"清光绪邑人段鉴题宝丰三崇庙对联："石烂江枯万里留将军誓命；松苍柏老千秋媲丞相祠堂。"清咸丰邑人字廷章题："继诸葛尽瘁南征，生为英、殁为灵，建国千秋绵带砺；佐一统长安西治，云从龙、风从虎，旨高万里固金汤。"近人杨周奇题："承蜀相挥师岭南、洛东，功垂汉史；继伏波显圣缅北、迤西，位列仙班。"① 以上楹联结合"三征麓川"的历史，基于"三崇为汉将，于漕涧中彝（夷）毒"的传说，将三崇与王骥融为一体，表达了三崇神王骥为国之功。三崇神王骥功勋可比蜀汉丞相诸葛亮，忠君卫国，为维护祖国统一，稳定西南边疆，马革裹尸、血流嘎窝，可谓鞠躬精粹，死而后已。

三崇庙的楹联融入了忠君爱国的儒家思想，在滇西社会具有广泛的教化意义，民间也有大量王骥为诸葛亮转世的传说。漕涧村高林杨认为："本主的前身是转为诸葛亮，后世转为刘伯温，第三世才转为王尚书，王尚书这一代就留在仁德黄木瓜那里的坟堆。"② 杨卓如在《五云史探》一书中收录了民间认为王骥是诸葛亮转世的文献：据传王骥驻军泸水，荡平边乱，见江边有一块石碑，上书"诸葛亮到处无人到"七个大字，相传是诸葛亮南征时立下的。王骥说，"此碑大谬，今天老夫不是也南征到此地了吗？"下令砸了石碑。谁知这是一块套碑，里面还套着一块碑，上书"打碑还是立碑人"，王骥大惊曰："原来我竟然是诸葛亮转世！"遂哈哈大笑起来。③ 可见，王骥形象的塑造与中原文明、

---

① 黄正良，等.古镇宝丰[M].昆明：云南人民出版社，2008：137.
② 高林杨，男，白族，62岁，王母寺高功，漕涧村。
③ 杨卓如.五云史探[M].北京：中国文史出版社，2016：291.

儒家思想在滇西民族地区的传播直接相关，同时也是儒家思想在滇西社会教化的重要形式。

（二）基于"三征麓川"历史记忆表达王骥对滇西各民族做出的贡献

王骥"三征麓川"威震滇西，维护了滇西边疆的社会稳定。明清时期滇西社会动乱，战事不断，滇西人民渴望和平、安定的社会环境，王骥对滇西的社会贡献因此成为塑造三崇神的重要内容。诺邓三崇庙对联为："威镇云疆千载常留圣迹，恩泽诺邑士民共沐神恩"，"耿耿丹心曾驰蛮道千峰马，英英浩气永结崇山万载云；气贯山河忠贞贯日，功施社稷泽被生民。"天耳井三崇庙楹联为："三江留胜绩丹城报国英雄浩气壮山河；一战驱叛首保境安民伟业丰功垂宇宙。"以上楹联以"三征麓川"的历史事件为基础，表述了王骥对滇西各民族的功绩，其核心是保境安民，泽被生民，维护滇西社会稳定。

"三征麓川"也有开化边疆，传播文明的功能。云龙旧州等地广泛流传的"吹吹腔"被认为是王骥"三征麓川"时传入云龙。漕涧村包根[①]认为："三崇本主叫王骥，他三征麓川不是来攻打少数民族的，而是来教化他们。本主庙门口都有鸡头、猪头、牛头、马头人身的塑像，这些就是以前的蛮夷，王骥就是来教化他们的，因此对这些地方有功，人们就要供奉他。"

总之，三崇庙的楹联集中呈现了滇西各族人民对王骥形象的塑造，"为国为民，忠君爱国"成为王骥在滇西各民族中的整体形象。三崇庙的楹联是中原文明和儒家思想在边疆民族地区的"布道"，是国家在滇西社会教化的重要形式。三崇庙的楹联与民间王骥传说互相建构，并不断深入民间。民间将王骥神圣化，并塑造成为威震滇缅的三崇神来迎合国家的教化，而地方精英在三崇与王骥的融合过程中起到了纽带作用。因此，区域性的三崇信仰是滇西社会动乱之际民间对滇西社会秩序的渴望，也是民间通过三崇庙的仪式和节日来延续"三征麓川"的历史记忆，同时还是基于王骥形象的塑造来表述滇西各民族对内的历史认同和对外的国家认同。

[①] 包根，男，白族，56岁，漕涧村村民。

四、王骥：滇西社会的国家象征

在滇西三崇信仰的表述中，王骥传说背后是大明帝国"三征麓川"、维护祖国统一和边疆稳定的历史壮举，三崇信仰也是对国家行为的认可和崇拜。明清以来，滇西各民族在民间交流与文化交融过程中相互影响、互相学习，将王骥塑造成威震滇西、保境安民的三崇神，并共创、共享区域文化，基于王骥崇拜，将三崇信仰建构成滇西各民族共有的精神家园。

"三征麓川"是明初国家在滇西地区重要的军事行动，对滇西社会产生了深远影响，在民间被看作是"维护祖国统一、稳定西南边疆、传播中原文明"的历史壮举。王骥作为"三征麓川"的统帅成为国家在滇西社会的象征。明清以来，当滇西社会动乱、盐路受阻、危及滇西社会利益的时候，民间就开始建构神话传说，将王骥塑造成威震滇西、保境安民的三崇神。为保王骥永镇滇西、维护滇西社会秩序，民间将"三崇为汉将，被毒死于漕涧嘎窝"的传说与"三征麓川"的历史相融合。且在滇西汉族、傈僳族、白族中均流传王骥被毒死后明朝皇帝感其功劳封其为三崇建国鸡足佑民皇帝、云龙本主等传说。在1938年滇西抗战、滇缅公路开通之际，漕涧当地乡绅、官僚通过考证地方传说和相关史料，认为王骥葬于漕涧嘎窝无疑，并为其修建墓塚。无论这些民间传说和地方行为背后有怎样的利益考量，王骥已成为国家在滇西社会治理的象征是不争的事实。晚清、民国时期，滇西地区大量"三崇显圣"的传说是民间对王骥保境安民、维护滇西社会秩序的渴望。"三崇显圣"表现为"三崇骑着一匹白马，手持大刀，威风凛凛，带着千军万马"，是对王骥"三征麓川"战争场景的一种想象。

王斯福在对中国民间宗教的研究中提出了存在于中国民间仪式中的结构性隐喻概念，这种隐喻即"帝国的隐喻"。[①] 清代以降，当社会动乱、土匪横行、危及滇西社会利益之时，地方社会需要国家来维护秩序、保障民生，三崇神就领兵显灵，平定叛乱，吓退土匪，秩序得以恢复；民国时期，当滇西受日军侵略、滇西各族人民需要国家保境安民之时，三崇神就开始显圣，日军被击退，

---

① 王斯福. 帝国的隐喻 [M]. 赵旭东, 译. 南京：江苏人民出版社, 2008.

边疆得到安定；在当下的日常生活中，出门、求学、经商、生育、购车等生活中的大小活动都与三崇信仰密切相连，三崇老爷成为地方社会的保护神。无论是"三崇显圣"，还是上刀山、下火海的仪式表演，均是对王骥"三征麓川"的想象、模仿。三崇神王骥是国家在滇西社会中的隐喻，并成为滇西社会秩序稳定、平安的象征，这也是国家在地方社会中的在场。

20世纪80年代，三崇信仰在滇西各地迅速复兴，大量三崇庙得以恢复和重建，三崇庙的节日和仪式活动也不断复兴。2002年，云龙县和平村三崇庙、漕涧镇仁德村王骥墓塚等被列为县级文物保护单位；2006年5月20日，"刀杆节"被列为第一批国家级非物质文化遗产项目；2009年，云龙县宝丰古镇恢复了三崇巡游活动，并于2012年被列为大理州非物质文化遗产项目[①]。三崇巡游、三崇本主会、刀杆节等不断言说和传承王骥"三征麓川"的历史记忆，并已融入了地方社会的文化实践。

五、结论

综上所述，明初的"麓川之役"维护了中国西南边疆的稳定，对滇西社会产生了深远影响。为确保滇西驻军的粮草保障，明政府采取以粮换盐的"开中"之策。此后，云龙盐业快速发展，滇西保山、腾冲等地成为五井官盐固定岸区。大量盐业运输、商业贸易推动了滇西社会的人口流动与文化交融，云龙盐井地区与滇西社会的联系不断密切。清初，云龙地区的三崇信仰随五井盐业贸易和滇西盐路防卫而传入六库、腾冲等地。滇西边地处于中国西南边陲，明清时期由地方土司治理，国家控制较弱，战乱、冲突、动荡等成为常态，这些不稳定因素严重危及盐路畅通和商业贸易，影响帝国盐税收入。因此，云龙盐井地区基于"三征麓川"的历史记忆，将历史英雄人物王骥引入本土的三崇信仰体系，以求其发挥威震滇西、保境安民、护佑盐路畅通的社会作用。

通过地方精英的文化塑造，对王骥"三征麓川"功绩的赞颂已成为滇西三崇庙楹联的主要题材，并作为滇西社会教化的重要内容，对三崇信仰的文化建

---

① 大理州非物质文化遗产数字博物馆（http://www.dlzfy.cn/dlml/ShowArticle.asp?ArticleID=268）。

构具有导向作用。随着滇西盐业贸易、人口流动和文化交融,三崇信仰在滇西各民族中广泛流传,三崇神成为"救当地人民于水火之神",王骥也成为滇西边地区域社会的保护神。

英雄人物崇拜是中国民间信仰研究的重要内容。王骥作为地方英雄人物,成为连接国家与滇西社会的重要媒介。民间对王骥和"三征麓川"历史事件的记忆是对国家的记忆,对王骥的崇拜也是对国家权威和社会秩序的崇拜。

在官方和民间的共同推动下,王骥成为连接历史与当下、国家与地方社会的重要媒介,也是滇西民间社会延续"三征麓川"历史记忆、表述国家认同的重要载体。

第八章　新时代中国特色社会主义的信仰塑造

○冯　波　杨　蔚　欧阳丽琴

2017年10月18日,习近平在"十九大"报告中宣布:中国特色社会主义进入新时代:中华民族迎来了从站起来、富起来到强起来的伟大飞跃,中国特色社会主义道路、理论、制度、文化不断发展,为解决人类问题贡献了中国智慧和中国方案。在"中国智慧"中,对马克思主义的坚定信仰和对社会主义、共产主义的坚定信念不可或缺。在新时代中国特色社会主义建设的征程上,信仰的塑造不可缺位。这就需要认真思考信仰塑造的条件、路径等问题。

一、新时代中国特色社会主义信仰塑造的必要性、紧迫性

对于新时代中国特色社会主义建设而言,信仰塑造既是必要的,也是紧迫的。只有认识到这一点,才能提高信仰塑造的自觉性和紧迫性。

(一)从马克思主义意识形态理论的角度看,信仰的塑造是必要的、紧迫的

马克思主义的基本观点之一是社会存在决定社会意识,社会意识对社会存在有反作用。马克思指出:"从物质生产的一定形式产生:第一,一定的社会结构;第二,人对自然的一定关系。人们的国家制度和人们的精神方式由这两者

决定，因而人们的精神生产的性质也由这两者决定。"① "不是人们的意识决定人们的存在，相反，是人们的社会存在决定人们的意识。"② 社会意识是历史的产物，不是抽象的观念的产物。例如，"平等的观念，无论以资产阶级的形式出现，还是以无产阶级的形式出现，本身都是一种历史的产物，这一观念的形成，需要一定的历史条件，而这种历史条件本身又以长期的以往的历史为前提。所以，这样的平等观念说它是什么都行，就不能说是永恒的真理"③。马克思多次强调：社会存在是社会意识产生的基础："发展着自己的物质生产和物质交往的人们，在改变自己的这个现实的同时也改变着自己的思维和思维的产物。"④ 以古希腊的艺术为例："希腊人是正常的儿童。他们的艺术对我们所产生的魅力，同这种艺术在其中生长的那个不发达的社会阶段并不矛盾。这种艺术倒是这个社会阶段的结果，并且是同这种艺术在其中产生而且只能在其中产生的那些未成熟的社会条件永远不能复返这一点是分不开的。"⑤ 即使看似可以脱离现实独立存在的语言，也"是一种实践的、既为别人存在因而也为我自身而存在的、现实的意识"⑥。历史唯物主义的基本观点是：由经济基础决定的意识形态属于社会的思想上层建筑，和政治上层建筑一起构成上层建筑的重要组成部分。一个社会中占统治地位的、主导的思想总是反映着占统治地位的阶级的思想。意识形态受它由以产生的经济基础的制约，反映着自己的经济基础。同时，它对经济基础又具有反作用。在阶级社会，"每一个企图取代旧统治阶级的新阶级，为了达到自己的目的不得不把自己的利益说成是社会全体成员的共同利益，就是说，这在观念上的表达就是：赋予自己的思想以普遍性的形式，把它们描绘成唯一合乎理性的、有普遍意义的思想"⑦。资产阶级也不例外，但是，一旦资产阶级掌握了政权，其意识形态又倾向于维护资本主义制度。

意识形态对一个政党、国家、民族的生存发展至关重要。思想防线被攻破了，其他防线就很难守住。"科学的价值信仰是社会长期稳定和持续发展的调

---

① 马克思，恩格斯. 马克思恩格斯全集（第26卷）[M]. 北京：人民出版社，1972：296.
② 马克思，恩格斯. 马克思恩格斯选集（第2卷）[M]. 北京：人民出版社，1995：32.
③ 马克思，恩格斯. 马克思恩格斯选集（第3卷）[M]. 北京：人民出版社，1995：448.
④ 马克思，恩格斯. 马克思恩格斯选集（第1卷）[M]. 北京：人民出版社，1995：73.
⑤ 马克思，恩格斯. 马克思恩格斯选集（第2卷）[M]. 北京：人民出版社，1995：29-30.
⑥ 马克思，恩格斯. 马克思恩格斯选集（第1卷）[M]. 北京：人民出版社，1995：81.
⑦ 马克思，恩格斯. 马克思恩格斯选集（第1卷）[M]. 北京：人民出版社，1995：100.

节器，社会的稳定和发展固然离不开社会生产力的高度发达、经济的繁荣、物质生活的富裕，但同时也不离不开亲情、友谊、温暖、爱、社会的公平和正义以及科学信仰的调适。无道可循，有道不循，缺乏科学而坚定的信仰或信仰危机四伏的社会，是紊乱无序的社会。要使社会保持良性运行和协调发展，社会成员需要有科学的信仰作为精神的支撑点。"[1]2016年10月，习近平在党的十八届六中全会第二次全体会议上强调指出："如果党内信念涣散、组织涣散、纪律涣散、作风涣散，那就无法有效应对党面临的执政考验、改革开放考验、市场经济考验、外部环境考验，也无法克服精神懈怠危险、能力不足危险、脱离群众危险、消极腐败危险，最终不仅不能实现我们的奋斗目标，而且可能严重脱离人民群众，上演霸王别姬的悲剧。这就是党中央反复强调'打铁还需自身硬'的根本原因。"[2]在党的十九大报告中习近平提出的"人民有信仰，国家有力量，民族有希望"中的"信仰"即指马克思主义信仰。

在新时代中国特色社会主义的建设过程中，在集中精力进行经济建设的同时，必须时刻注意加强意识形态工作。意识形态决定文化前进方向和发展道路。必须推进马克思主义中国化、时代化、大众化，建设包含共产主义信仰、马克思主义信仰在内的具有强大凝聚力和引领力的社会主义意识形态，使全体人民在理想信念、价值理念、道德观念上紧紧团结在一起。

有篇《人不能只靠吃米活着》[3]的文章很好地诠释了共产主义信仰、革命信仰对于革命者的作用。

> 巴金的散文《灯》里有一句话："我们不是只靠吃米活着。"作者的意思很明显：一个人不能仅仅依赖物质生活，还需要以精神作为支柱。有了精神，人才能奋发有为、积极向上。
>
> 同样意思的话，国外的先哲也说过：人是靠精神站立起来的。所不同者，一个反说、一个正说而已。不论是对一个民族一个国家，

---

[1] 石云霞.当代中国价值观论纲[M].武汉：武汉大学出版社，1996：225.
[2] 习近平：坚定不移推进全面从严治党.习近平关于全面从严治党论述摘编（2021年版）[M].北京：中央文献出版社，2021：14.
[3] 吴俊义.人不能只靠吃米活着[N].解放军报，2018-06-29.

还是对一个政党一个人，这都是颠扑不破的真理。

中国共产党是为谋求民族独立、人民幸福而革命的，为绝大多数人谋利益的。就党员个体而言，他们有的当初家庭富裕、生活幸福，并不是为个人生计而斗争的。他们自己有米吃后，想的是更多的劳苦大众、更多受压迫受剥削的穷人。这就是他们之所以要革命的信念所在、精神所在、力量所在。

被毛泽东称为"农民运动大王"的彭湃，出生于一个大地主家庭，家里有"鸦飞不过的田产"。他投身革命，并不为从党的"锅里"舀米吃。相反，为了救国救民，他当众烧掉田契，舍弃万贯家产，毅然决然走出豪门之家，与周恩来等一起，参加和领导了南昌起义。他在给家人的信中写道："我亲爱的人，我对你们如此无情，只因民族已到存亡之际，我辈只能奋不顾身，挽救于万一。"

翻开党奋斗的历史，为了民族、为了人民，抛家舍业者岂止彭湃一人，又何止千千万万？仅红岩革命烈士中的大部分人，当时都有优越的生活，如果为个人计，他们完全不用过那种艰苦的生活。但为了理想和信仰，他们义无反顾地舍弃财产、幸福以至生命。就像陈云在入党时说的："此身已非昔比，今后不是做'成家立业'的一套，而要专干革命。"

的确，"人不能只靠吃米活着"，还需要精神与信仰。"米"是食物，精神与信仰则犹如氧气。人不能没有精神与信仰，就像光吃米而不吸收氧气，是不能存活的。对普通人而言，精神和信仰就是成就事业的意志力量。而对共产党人来说，精神和信仰，就是陈毅元帅"取义成仁今日事，人间遍种自由花"的决绝，就是粟裕大将"炼成钢铁如保尔，莫做浮草似罗亭"的坚忍，就是"砍头不要紧，只要主义真"的无畏，就是"行程万里，不忘初心"的坚定……我们党从最初的星星之火，逐步汇成燎原之势，从最初的几个十几个人，发展成今天世界上最大的执政党，靠的是什么？就是靠理想、靠信念，靠为了理想信念而奋斗的牺牲精神！

我们常说："人生如屋，信念如柱。"没有信念作支柱，屋子就会倒塌，其后果不是一般性的，而是灾难性的。为什么有的人不缺"米"、不缺钱，华屋美宅，名装豪车，却活得了无生趣甚至痛苦不堪，就因为缺少精神、没有信仰。为什么有的人做了"糊涂虫"、成了"软骨头"、成为"两面人"，就因为丧失了共产党人的信仰，丢掉了共产党人的灵魂。所以，习主席不断强调信仰、强调理想，视理想信念为共产党人的"钙"，以人生观、世界观、价值观为"总开关"，指出：没有理想信念，骨质就会疏松，精神上就会"缺钙"，就会得"软骨病"。

"他把一切都交给了党。"当年，贺龙选择了跟定中国共产党。他参加南昌起义后，按照作战部署，部队须转战南下。临行前，他将随身较为奢侈的生活用品都赠予他人，在党员登记表的"动产、不动产、现金各多少"一栏，填写了这样几个字：什么都没有了。因为信仰，本可养尊处优偏向荆棘而行；为了精神，本可锦衣玉食毅然向死而生。97年来，共产党人的精神在磨难中愈砺愈强，信仰在奋斗中愈淬愈坚，"红旗漫卷"而愈益鲜艳。

精神日新业日新。今天，我们不再为"吃米"、为物质发愁。但物质上富裕了，精神上决不能患"贫血症"。丢了精神、没了信仰，火箭不能上天，潜艇不能入海，人最终必将沦为空虚而不能站立的"病夫"。

精神与信仰，让一代又一代共产党人无私奉献、奋斗不息。水打山崖，风过林海。走向新时代、面对新考验，必须铸牢理想之基、补足"精神之钙"。只有强筋健骨，挺起共产党人的精神脊梁，才能经受住各种考验，任凭风吹浪打，始终立于不败之地。

我国社会学家陆学艺先生2010年提出了社会建设落后于经济建设，经济建设一条腿长、社会建设一条腿短的判断。"一条腿短"中包含了信仰建设存在的问题。在当代中国的信仰结构中，有些属于反文化性质的信仰对社会主流信仰有解构、冲击的作用。从上述马克思主义基本观点的角度看，有必要加强对新时代中国特色社会主义的信仰塑造，而且这种塑造又是非常紧迫、时不我待的。改革开放以来，我国经济、社会领域发生了深刻变革，利益格局也有了深刻调整。相应地，意识形态局部领域多元、多变的趋势日益明显，人们的思想更加活跃，独立性、选择性、变易性、差异性显著增强，多种思想、观念、信仰杂陈，各种力量利用多种媒介、变换各种形式竞相发声成为常态。意识形态领域多元思想文化相互交流、交融、交锋成为一种客观存在，主流意识形态与多元化社会思潮长期并存、相互激荡趋势更加显著，引领社会思潮、凝聚思想共识的任务艰巨、繁重、紧迫。市场领域的自身弱点和消极方面、交易导向和原则等观念会泛化到社会领域，甚至渗透到党内生活中来。拜金主义、享乐主义、极端个人主义等价值观、信仰在一定范围内滋长、蔓延。道德失范，唯利是图，工具理性至上，低俗、庸俗、媚俗等现象屡屡突破社会公序良俗底线。具有自发性、突发性、公开性、多元性、冲突性、匿名性、无界性、难控性等特点的新媒体的快速发展和运用，改变了人们的生活方式、交往方式和工作方式，也形成了越来越复杂的大舆论场，使主流媒体的主导作用受到巨大冲击。网络往往成为负面舆情发酵、错误观念或信念传播的策源地和放大器，大大增加了舆论引导和内容管理的难度。这些意识形态方面的挑战都需要有效应对。

（二）从信仰的自觉性方面看：信仰不是自发形成的，从而显示出信仰塑造的必要性

信仰作为精神文化的深层结构，不是自发的、本能的、与生俱来的，而是后天通过教育等手段的塑造自觉形成的。这就需要外在力量对信仰的塑造和引导。葛兰西曾经指出："文化是达到一种更高的自觉境界，人们借助于它懂得自己的历史价值，懂得自己在生活中的作用，以及自己的权利和义务。但是，这些东西的产生都不可能通过自发的演变，通过不依赖于人们自身意志的一系列作用和反作用，如同动物界和植物界的情况一样，在那里每一个品种都是不自觉地，通过一种宿命的自然法则被选择出来，并且确定了自己特有的机体。人首先是精神，也就是说他是历史的产物，而不是自然的产物。"[①] 一个人有什

---

① 葛兰西. 葛兰西文选［M］. 李鹏程编. 北京：人民出版社，2008：5.

么样的信仰，是后天塑造的结果。以下几位红岩烈士都曾经谈到过信仰塑造问题，并表达了自己对作为真理的马克思主义的信仰。

车耀先烈士（1894—1946年）是四川大邑县人，幼时家境小康，家人（特别是他的外祖母）都很爱他。他把外祖母视为救苦救难的观世音菩萨。幼年的车耀先先后读了"五个半年"书，因为母亲与人打官司，以致家业凋零而辍学、做"小贩卖"糊口（11—14岁），14岁到崇庆州学做生意，17岁（民国元年）入川军当兵。"在前进有路，无家可归的环境之下，由兵而士，士而官"①，做过司务长、连长、团长（民国十三年），民国十二年正月初五晨在一次作战中头部和右脚受伤，民国十七年冬退役，于成都开努力餐馆为生。车耀先幼年信仰过佛教，在军队时又曾经信仰过基督教，并影响了他的下属："因笃信耶稣之故，所属官兵几皆教徒。"②1929年他放弃了基督教信仰，加入中国共产党，从此走上了革命的道路。同年，车耀先任中共川康特委军委委员。1934年，他在成都创办"注音符号传习班"，引导青年走革命道路；以经营"努力餐馆"为掩护从事革命活动。1936年，他发起组织成都社会各界抗日救亡联合会（后被取缔）。他后来还创办《大声周刊》进行抗日宣传（后被勒令停办），提倡"对内和平，对外抗战"，成为成都抗日救亡运动的领导人。1940年，车耀先被捕，先后囚禁于贵州息烽监狱和重庆军统集中营。在狱中，车耀先积极策划越狱，反抗敌人的"连坐法"。1946年8月18日，他被杀害于重庆歌乐山松林坡戴笠停车场，时年52岁。车耀先发表在《大声周刊》停刊号上的《我是什么人》一文提到了他信仰转变的过程："十六年的革命思潮，淘尽了宗教信仰，社会主义代替了我的圣经。"③入党后，车耀先还写了一首《自誓诗》④，表明了自己的马克思主义信仰：

---

① 车耀先．我是什么人［M］//王庆华，厉华．黑牢诗篇——白公馆·渣滓洞革命烈士诗文集．重庆：重庆大学出版社，1996：17.
② 车耀先．我是什么人［M］//王庆华，厉华．黑牢诗篇——白公馆·渣滓洞革命烈士诗文集．重庆：重庆大学出版社，1996：17.
③ 车耀先．我是什么人［M］//王庆华，厉华．黑牢诗篇——白公馆·渣滓洞革命烈士诗文集．重庆：重庆大学出版社，1996：17.
④ 车耀先．我是什么人［M］//王庆华，厉华．黑牢诗篇——白公馆·渣滓洞革命烈士诗文集．重庆：重庆大学出版社，1996：19-20.

自誓诗

幼年仗剑怀佛心,
放下屠刀求真神;
读破新旧约千遍,
宗教不过欺愚民。

投身元元无限中,
方晓世界可大同;
怒涛洗净千年迹,
江山从此属万众。

不劳而食最可耻,
活己无能焉活人。
欲树真理先辟伪,
辟伪方显理有真。

喜见东方瑞气升,
不问收获问耕耘,
愿以我血献后土,
换得神州永太平。

陈然烈士（1923—1949年）是河北香河人，从小就具有热爱祖国、反抗强权的性格。1939年加入中国共产党。1947年初，陈然和几位同志在中共南方局负责文化界工作的何其芳的领导下创办了《彷徨》杂志，引导青年走上革命道路。同年7月，中共重庆市委机关报——《挺进报》创刊，陈然负责报纸油印工作。1948年4月22日晚，正在印刷《挺进报》第23期的陈然因叛徒出卖被捕，被关押在白公馆看守所。1949年10月，新中国成立，他与刘国鋕等难友合制了一面五星红旗，准备迎接全国的解放。被囚期间，敌人对陈然施以各种酷刑，让他写自白书叛党。陈然却写出了气壮山河的共产党员的誓言："人，不能低下高贵的头……对着死亡我放声大笑，魔鬼的宫殿在笑中动摇；这就是我——一个共产党员的自白，高唱凯歌埋葬蒋家王朝。"①1949年10月28日，陈然在重庆大坪被公开处决，牺牲时年仅26岁。陈然曾经写过一篇《论气节》的文章，发表于1947年《彷徨》第五期。在这篇文章中，陈然谈到了气节需要培养的问题。他指出：气节，是中国知识分子优良的传统精神。"在我们的历史上，有许多先贤用头颅、热血、齿、舌，在是与非、黑与白、真理与狂妄、正义与罪恶、善良与暴戾之间，筑起一座崇高的丰碑。这界碑指引着历史走向进步的一边！气节，是个人修养的最高一级，也是最后的考验。"②许多人尽管平时标榜"为天地立心"的大志，也修养到了一定的地步，谈爱国爱民道理口若悬河，但是一遇到"富贵"就瘫痪了——昧着良心去升官发财；到了"威武"面前，就低头、屈膝了。在灾难降临的时候，"不妥协，不退缩、不苟免、不更其守！固执着真理去接受历史的考验！这种气节是值得我们学取的。在平时能安贫乐道，坚守自己的岗位；在富贵荣华的诱惑之下能不动心志；在狂风暴雨袭击之下能坚定信念，而不惊慌失措，以至于'临难毋苟免'，以身殉真理。这种精神绝不是一朝一夕所能养成的，它需要培养！然而这培养又不是'修心养性'，用主观的'毅力'、'决心'之类来驾驭自己的行为所能办到。因为气节并不是建立在情感的基础上，而是建立在高度的理性上"③。高度的理性是对世界、人生的"一种正确、坚定而深彻的认识。不让自己的行为违背自己这种认识，而且能坚持到最后，这就是值得崇尚的，一种真正伟大的气节。④"

红岩烈士古成铄的诗作《追求》《宣誓》是他的共产主义信仰的告白。

---

① 陈然. 论气节[M]// 王庆华, 厉华. 黑牢诗篇——白公馆·渣滓洞革命烈士诗文集. 重庆：重庆大学出版社，1996：55.
② 陈然. 论气节[M]// 王庆华, 厉华. 黑牢诗篇——白公馆·渣滓洞革命烈士诗文集. 重庆：重庆大学出版社，1996：50.
③ 陈然. 论气节[M]// 王庆华, 厉华. 黑牢诗篇——白公馆·渣滓洞革命烈士诗文集. 重庆：重庆大学出版社，1996：51-52.
④ 陈然. 论气节[M]// 王庆华, 厉华. 黑牢诗篇——白公馆·渣滓洞革命烈士诗文集. 重庆：重庆大学出版社，1996：52.

追求[①]

人们追求黄金,

我来追求良心。

人们追求女人,

我来追求爱情。

黄的金子白的银,

黑的狗肠滥的心。

万骨都枯英雄出,

这个玩意你去追求我便恨。

宣誓[②]

我宣誓:

爱那些穷苦的、

流浪的、无家可归的、

衣单被薄的人民;

恨那些贪馋的、

骄横的、压榨人民的、

杀戮真理的强盗。

我宣誓:

我是真理的信徒,

我是正义的战士,

我要永远永远,

为人类的自由幸福而战!

方志敏、瞿秋白等中共早期领导人为马克思主义信仰献出了自己宝贵的生

[①] 古成铄. 追求 [M]// 王庆华,厉华. 黑牢诗篇——白公馆·渣滓洞革命烈士诗文集. 重庆:重庆大学出版社,1996:104-105.

[②] 古成铄. 追求 [M]// 王庆华,厉华. 黑牢诗篇——白公馆·渣滓洞革命烈士诗文集. 重庆:重庆大学出版社,1996:112-113.

命。方志敏烈士《可爱的中国》和入党申请书表达了这种信仰及其对这种信仰的以生命为代价的忠实践行。被捕后，无论被游街示众、用他的妻子作要挟，还是被许以高官厚禄，方志敏始终拒绝投降。1935年8月6日，方志敏在江西南昌下沙窝英勇就义，时年36岁。牺牲前一个多月，他用敌人让他写供状的纸笔深情地写下了著名的《可爱的中国》一文。

可爱的中国（节选）①
——方志敏致亲爱的朋友们

（1935年5月2日）

亲爱的朋友们：

我终于被俘入狱了。

关于我被俘入狱的情形，你们在报纸上可以看到，知道大概，我不必说了。我在被俘以后，经过绳子的绑缚，经过钉上粗重的脚镣，经过无数次的拍照，经过装甲车的押解，经过几次群众会上活的示众，以至关入笼子里，这些都像放映电影一般，一幕一幕地过去了！我不愿再去回忆那些过去的事情，回忆，只能增加我不堪的羞愧和苦恼！我也不愿将我在狱中的生活告诉你们。朋友，无论谁入了狱，都得感到愁苦和屈辱，我当然更甚，所以不能告诉你们一点什么好的新闻。我今天想告诉你们的却是另外一个比较紧要的问题，即是关于爱护中国，拯救中国的问题，你们或者高兴听一听我讲这个问题罢。

……

朋友，虽然在我们之中，有汉奸，有傀儡，有卖国贼，他们认仇作父，为虎作伥；但他们那班可耻的人，终竟是少数，他们已经受到国人的抨击和唾弃，而渐趋于可鄙的结局。大多数的中国人，有良心有民族热情的中国人，仍然是热心爱护自己的国家的。现在不是有成千成万的人在那里决死战斗吗？他们决不让中国被帝国主

---

① 参见 http://chuxin.people.cn/n1/2019/0925/c428144-31372809.html。

义所灭亡，决不让自己和子孙们做亡国奴。朋友，我相信中国民族必能从战斗中获救，这岂是我们的自欺自誉吗？

不错，目前的中国，固然是江山破碎，国弊民穷，但谁能断言，中国没有一个光明的前途呢？不，决不会的，我们相信，中国一定有个可赞美的光明前途。中国民族在很早以前，就造起了一座万里长城和开凿了几千里的运河，这就证明中华民族伟大无比的创造力！中国在战斗之中一旦斩去了帝国主义的锁链，肃清自己阵线内的汉奸卖国贼，得到了自由与解放，这种创造力，将会无限地发挥出来。到那时，中国的面貌将会被我们改造一新。所有贫穷和灾荒，混乱和仇杀，饥饿和寒冷，疾病和瘟疫，迷信和愚昧，以及那慢性的杀灭中国民族的鸦片毒物，这些等等都是帝国主义带给我们可憎的赠品，将来也要随着帝国主义的赶走而离去中国了。

朋友，我相信，到那时，到处都是活跃跃的创造，到处都是日新月异的进步，欢歌将代替了悲叹，笑脸将代替了哭脸，富裕将代替了贫穷，康健将代替了疾苦，智慧将代替了愚昧，友爱将代替了仇杀，生之快乐将代替了死之悲哀，明媚的花园，将代替了凄凉的荒地！这时，我们民族就可以无愧色地立在人类的面前，而生育我们的母亲，也会最美丽地装饰起来，与世界上各位母亲平等的携手了。

这么光荣的一天，决不在辽远的将来，而在很近的将来，我们可以这样相信的，朋友！

朋友，我的话说得太啰唆厌听了吧！好，我只说下面几句了。我老实地告诉你们，我爱护中国之热诚，还是如小学生时代一样的真诚无伪；我要打倒帝国主义为中国民族解放之心还是火一般的炽烈。不过，现在我是一个待决之囚呀！我没有机会为中国民族尽力了，我今日写这封信，是我为民族热情所感，用文字来作一次为垂危的中国的呼喊，虽然我的呼喊，声音十分微弱，有如一只将死之鸟的哀鸣。

啊！我虽然不能实际地为中国奋斗，为中国民族奋斗，但我的心总是日夜祷祝着中国民族在帝国主义羁绊之下解放出来之早日成功！假如我还能生存，那我生存一天就要为中国呼喊一天；假如我不能生存——死了，我流血的地方，或者我瘗骨的地方，或许会长出一朵可爱的花来，这朵花你们就看作是我的精诚的寄托吧！在微风的吹拂中，如果那朵花是上下点头，那就可视为我对于为中国民族解放奋斗的爱国志士们在致以热诚的敬礼；如果那朵花是左右摇摆，那就可视为我在提劲儿唱着革命之歌，鼓励战士们前进啦！

亲爱的朋友们，不要悲观，不要畏馁，要奋斗！要持久地艰苦地奋斗！要各人所有智慧才能，都提供于民族的拯救吧！无论如何，我们决不能让伟大的可爱的中国，灭亡于帝国主义的肮脏的手里！

你们挚诚的祥松
五月二日写于囚室

方志敏在入党之初，满怀激情地写下了这样一段话：

不管阶级敌人怎样咒骂共产党，但共产党终究是人类最进步的阶级——无产阶级的政党。它有完整的革命理论、革命纲领和最高尚的理想，它有严密的党的组织与铁的纪律，它有正确的战略和策略，它有广大经过选择而忠诚于革命事业的党员群众，并且它还有得到全党诚心爱戴的领袖。……从此，我的一切，直至我的生命都交给党去了。

在社会主义建设的探索时期，王进喜、雷锋、焦裕禄……"他们为了民族独立振兴、国家富强民主、社会文明和谐、人民富裕幸福，舍生忘死、英勇牺牲、无私奉献。是什么让他们在困难面前不屈不挠、斗志弥坚？是什么让他们委屈自己、成全他人？是什么支撑他们一心为民、任劳任怨？……心中有信仰，脚下有力量。……他们是一面面鲜艳的旗帜，一个个鲜明的标杆，一本本鲜活的教材。他们身上闪耀着精神的荟萃，凝结着信仰的力量"[1]。

---

[1] 本书编委会. 共产党员的信仰[M]. 北京：人民日报出版社，2017：99-100.

"列宁十分重视和强调对工人群众进行共产主义理想和信念教育。他认为，对工人群众进行共产主义理想和信念教育，是无产阶级政党的重要任务。"[①] 工人阶级从自发的阶级变成自为的阶级，共产主义信仰教育是必要条件。

2019年9月16日至9月19日，欧阳丽琴在滇西应用技术大学[②] "思想道德修养与法律基础"课堂所做的网络问卷调查结果显示：对于上大学的目的是什么这个问题的回答，在388名同学中，有92名同学回答为了提升自己，占比为23.7%；有71名同学回答为了"搞钱"，占比为18.3%；有68名同学回答为了有更好的未来，占比17.5%；有54名同学回答为了学历，找好工作，占比13.9%。其他占比10%以下的学生的回答分别为：报答父母养育之恩、考研究生、不知为什么（考上就上）、梦想。上大学的目的与信仰虽然不能直接等同，但我们也可从中窥视上述同学的价值立场、人生目标等与信仰相关的选择。

2019年9月27日上午，冯波在所讲授的社会学概论课上通过课堂小调查搜集了一个大一的自然班共30份关于自己的信仰的课堂作业。这是一个艺术类的班级，学生对于自己的信仰及其理由的回答有以下十三种情况：

其一，信奉科学。共有2名同学给了这样的答案。有同学回答："作为一名理科生，深刻感受到科学的真实性及其所具备的力量。"

其二，把"信仰"理解为宗教信仰，回答没有宗教信仰。共10名同学，占三分之一。有同学写道："生活充实，能吃饱喝足，精神食粮来源充足，对生活、生命的支撑点是自己，无须借助神学或宗教。"

其三，信仰自由。2名同学，有同学说自己"天性洒脱，不喜欢被拘束"。

其四，信仰存在主义及功利主义。有同学写道："加缪的存在主义中强调了人生是荒诞的，因此要在荒诞中积极寻找存在的意义。而我结合生活经验认同这一观点。结合边沁的功利主义，我们应在生活中追求快乐而非痛苦。那么一切的快乐优先级为：我自己为最高级而向外围关系递减。"

其五，信仰机械唯物主义和相对主义。有同学写道："我认为历史社会如机械般运作，有其固定规律，而对错的评判标准也不应有绝对法则，只是当今

---

① 石云霞. 当代中国价值观论纲[M]. 武汉：武汉大学出版社，1996：238.
② 该校是教育部推动创办的一所以扶贫为目的的应用技术类大学，以招收省内生源为主。

为维持秩序选取绝大多数人能接受的而已。"

其六，信仰"暴雪"。"暴雪"是一个对信仰它的这位同学影响"极为深远"的游戏公司。这位同学写道："从小自己就守在电视机前看它旗下的游戏，深深折服于其游戏文化和故事并对奇幻类型的作品产生了极大兴趣，支持我到大学选择游戏系的专业。"

其七，信仰罗尔斯的《正义论》。因为它"要求有一个高度自觉、绝对美德的乌托邦。"

其八，信仰飞天意面神教。这是一个虚构的宗教。其基本教义是：世界是一个意大利面条神喝醉后创建而形成的。声称信仰该教的同学写道："飞天意面神教从另一方面激励我、改变我的生活。"

其九，信仰马克思主义（3名同学），信仰共产党（2名同学）。这类同学共占六分之一。理由：自己"是一名共青团员，坚决拥护中国共产党，马克思主义是我们的指导思想"；"它是对的，且是目前唯一对的科学的信仰"；"能让我感受到保护的无疑是共产党"。

其十，信仰自己（4名同学）。理由："热爱自由，为自己而活——做自己喜欢的事，生活才不会被推着走"；"我相信自己。命运由自己把握，与其归功于神明、运气，不如选择自己。一切的抉择与努力都是由自己决定"；"按照自我的意愿行事，坚守自己的价值观会让自己感到自由和幸福。"

其十一，信仰诚实——做人要诚实。"诚实是人生的命脉，是一切价值的根基。诚实是一个人得以保持的最高尚的东西，一言之美，贵于千金。人而无信，不知其可也。"

其十二，信仰善恶有报。"因为这能让我坦然地面对生活，做事时全力去做，可以问心无愧，也能让我懂得畏惧和舍得，不去做出格的事。它可以在我生活的一点一滴中潜移默化地影响并警醒着我。"

其十三，信仰简单的快乐主义。"做事凭借自身喜恶：如果吃饭让我快乐我就去吃；如果放下手机认真办好一件事让我充实，我就会屏蔽所有的干扰。就像《绿皮书》里说的一样：笑就大笑，吃就像当最后一顿吃，很多时候我们需要在肉体的快乐和精神的快乐之间找到平衡点，没有那么多对错，也没必要纠结太多，我只想考虑清楚，究竟哪一种快乐是我真正想要的。"

上述小调查的结果说明：从常识上或个人自发的观点角度来看，信仰不同的人对信仰有不同的理解和选择。有同学把信仰等同于宗教信仰，有同学把信仰看作是对正义、自由等价值观的追求。这些同学刚刚高中毕业，对于信仰的塑造没有自觉意识，上述同学们的多数信仰是自发的，需要引导、塑造。

（三）从现实存在的信仰问题看，信仰的塑造是紧迫的、必要的

人民日报社主管的《人民论坛》2014年9月第一期刊发封面报道《当前社会病态调查分析报告》，公布了人民论坛问卷调查中心的调查结果。这一结果说明，信仰缺失作为一种社会病，需要治疗。超八成受调查者认为当前社会处于亚健康状态，"信仰缺失""看客心态""社会焦虑症"位列当今社会病症排序前三项。在回答"哪类群体信仰危机最严重"时，占比57.5%的网友认为信仰缺失主要体现在官员身上。部分官员"不问苍生问鬼神"，折射出他们的权位观和为民观的偏执、错位。关于信仰缺失的原因，50.8%的网友认为是"制度层面"：一些不道德的现象没有受到制度的惩处，反而成为一些人效仿的对象。"唯利是图"的市场经济以20.8%的比重位列第二大原因。占比第三的是多元价值取向的冲击（15.1%）。这类问题的出现凸显了信仰教育的迫切性、必要性。

当代社会，在不同职业、不同地位的人身上，会存在不同程度的信仰问题。例如，部分官员丧失理想信念，其所作所为不是从利国利民出发，只是为了保住自己的"乌纱帽"、以权谋私，造成一定范围、程度的官民矛盾，给党的事业也带来了损害。有些教师对学生毫无爱护之心，用语言暴力打击、伤害学生。甚至有教师还对女学生实施性骚扰。这些人完全违背了教育的神圣使命，也说明这些人没有确立马克思主义信仰，没有为学生服务、善待学生的意识。没有信仰的人缺乏对自己行为的约束，做事毫无底线，做人功利、昧良心。这些人需要接受信仰教育。

二、新时代中国特色社会主义信仰塑造的条件

中国共产党的领导是中国特色社会主义最本质的特征，是中国特色社会主义制度的最大优势，也是新时代中国特色社会主义信仰塑造的基本条件。葛兰

西认为，意识形态的一致是党的力量和政治能力的一个组成部分，对于使党成为布尔什维克党是不可缺少的："建设一个真正是工人阶级政党和革命政党的共产党同以下几个基本条件有直接关系：（1）党的意识形态；（2）党的组织形式和内聚力的程度；（3）党在联系群众方面的活动能力；（4）党的战略和策略的能力。"[①] 在意识形态领域的斗争中，必须把意识形态工作的领导权牢牢掌握在中国共产党的手中，任何时候都不能使其旁落。当前，要旗帜鲜明地坚持党管宣传、意识形态、媒体的原则，坚决履行和落实意识形态工作责任制，以更有力的领导、更有效的举措，不断增强意识形态领域的主导权和话语权，坚定广大干部群众的道路自信、理论自信、制度自信、文化自信，提升党、国家和民族的凝聚力、向心力。信仰塑造是意识形态建设的重要组成部分。

新时代中国特色社会主义信仰塑造，重点在于在市场经济的大环境下重塑信仰的科学和崇高。科学、理性精神是信仰塑造的主体性条件。信仰必须以知识为载体，科学知识作为人类文明成果，不仅为信仰注入新的活力，还能增强信仰本身的说服力、影响力。共产主义是科学理论和科学信仰的统一。共产主义作为人类最美好、最科学的理论，确立了以实践为核心的统一理性与信仰的思维方式，把人类的科学成果通过抽象和科学升华，形成了关于当下以及未来世界的根本观点。作为关于人和世界的一般学说，它既是一种科学的、规律性的知识，又是一种提供终极关怀的科学信仰。共产主义的崇高是其本身科学性、实践性结合的产物。它不但塑造了全人类最美好的理想，而且指明了通过无产阶级伟大而富有创造性的社会实践实现共产主义远大目标的现实途径。它褒扬了实践的威力，发扬了人的巨大潜力和能力，具有最大的物质价值，将给人带来巨大的物质利益；同时具有最崇高的精神价值，鼓舞人进入最高的精神境界，塑造完美高尚的新人格。它摒弃了宗教的自我安慰和自我麻醉，超越了道德和法律的当下关怀，催人奋发，给人鼓舞。一种信仰，一种世界观，如果排斥和违背科学，必定背离理性，就是不可信的。信仰同时应该是引导着一种正常心态和健康的社会生活的思想体系，如若诉诸非理性，走上反文化、反社会、反进步的道路，必然会阻碍社会前进。

---

① 葛兰西.葛兰西文选[M].李鹏程，编.北京：人民出版社，2008：88.

信仰塑造还需要一批能够践行信仰塑造的人，以对教化对象进行信仰塑造。让有信仰的人讲信仰，例如在高校对大学生进行信仰塑造，就需要思政课教师、辅导员、班主任、院领导对马克思主义、共产主义真信、真讲、真用。所以，现在对思政课教师任职条件的要求之一是中共党员。在全员育人的大思政格局下，专业课教师、管理人员、后勤人员都有传播信仰、育人的责任，对高校教职员工提出了更高的要求。高校以外的各类社会组织、企事业单位的党组织都负有对员工进行信仰塑造的责任，也都需要提高马克思主义理论水平，以理服人，进行信仰引导、塑造。

在旗帜鲜明地进行马克思主义信仰、共产主义信仰塑造方面，中共中央总书记习近平做出了表率。在"十九大"报告中，习近平指出：新时代党的建设要"以坚定理想信念宗旨为根基"[1]。坚定党的理想信念是推进党的建设伟大工程的首要任务。全体共产党员要自觉做共产主义远大理想和中国特色社会主义共同理想的坚定信仰者和忠实实践者。

2014年8月20日，习近平在纪念邓小平同志诞辰110周年的座谈会上的讲话中特别谈到了邓小平同志的理想和信念、马克思主义信仰问题[2]：

——我们纪念邓小平同志，就要学习他对共产主义远大理想和中国特色社会主义信念无比坚定的崇高品格。信念坚定，是邓小平同志一生最鲜明的政治品格，也永远是中国共产党人应该挺起的精神脊梁。

早在苏联求学期间，邓小平同志就立志"更坚决的把我的身子交给我们的党，交给本阶级"。在此后70多年的革命生涯中，无论个人处境如何艰难，无论革命道路如何坎坷，邓小平同志都坚信马克思主义的科学性和真理性，坚信社会主义、共产主义的光明前景。他说："对马克思主义的信仰，是中国革命胜利的一种精神动力。"面

---

[1] 习近平.决胜全面建成小康社会 夺取新时代中国特色社会主义伟大胜利——在中国共产党第十九次全国代表大会上的报告.习近平谈治国理政（第三卷）[M].北京：外文出版社，2020：48.
[2] 习近平：在纪念邓小平同志诞辰110周年座谈会上的讲话.习近平论中国共产党历史[M].北京：中央文献出版社，2021：79.

对革命战争的枪林弹雨,他浴血奋战、视死如归;面对新中国建设的艰难局面,他励精图治、百折不挠;面对"文化大革命"的十年内乱,他信念执着、从不消沉;面对国际国内政治风波,他冷静观察、从容应对,坚信马克思主义、坚守共产主义理想,坚持在社会主义道路上推进我国现代化事业。

1992年,88岁高龄的邓小平同志在南方谈话中说:"我坚信,世界上赞成马克思主义的人会多起来的,因为马克思主义是科学。它运用历史唯物主义揭示了人类社会发展的规律。""不要惊慌失措,不要认为马克思主义就消失了,没用了,失败了。哪有这回事!"

邓小平同志对理想信念的重要性具有深刻认识,他说:"我认为,最重要的是人的团结,要团结就要有共同的理想和坚定的信念。我们过去几十年艰苦奋斗,就是靠用坚定的信念把人民团结起来,为人民自己的利益而奋斗。"

革命理想高于天。没有一大批具有坚定共产主义理想的中华儿女,就没有中国共产党,也就没有新中国,更没有今天我国的发展进步。要把我国发展得更好,离不开理想信念的力量。我们共产党人锤炼党性,首要的就是坚定共产主义远大理想和中国特色社会主义共同理想。我们要学习邓小平同志矢志不渝为社会主义、共产主义而奋斗的执着精神,坚定中国特色社会主义道路自信、理论自信、制度自信,坚忍不拔、风雨无阻朝着我们的目标奋勇前进。

三、新时代中国特色社会主义信仰塑造的路径

党内、党外结合,塑造新时代中国特色社会主义信仰,是新时代中国特色社会主义信仰塑造的基本路径。2019年,以习近平同志为核心的党中央在全党深入开展了"不忘初心、牢记使命"主题教育活动,目的是要推动党员干部——特别是领导干部增强全心全意为人民服务的宗旨意识,以坚定的理想信念坚守初心,以真挚的人民情怀滋养恒心,在践行党的宗旨、加强党同人民群众的血肉联系上不断取得新进展、新成效,不断筑牢党长期执政最可靠的阶级

基础和群众根基。此即对党内的信仰塑造。

在党外，需要将各种载体、力量、路径结合起来，使学校、媒体（特别是网络）、社会全方位协同，共同发挥新时代中国特色社会主义信仰塑造的作用。这里需要注意的是以下几点。

（一）对不同的人采取不同的信仰塑造方式

对于共产党员和党员干部，采取主题教育的党内教育方式；对于非党员的大学生，通过思政课和课程思政的方式进行信仰塑造；对于其他社会成员，通过社会、媒体进行信仰塑造。当前，在高校尤其要注意整合多方力量，实现思政课程与课程思政、网上与网下、校内与校外等力量的协同配合。在学校教学中，除思政课主渠道外，专业课要将社会主义价值理念和时代精神有机融入课程教学中。思政课是开展时代新人培育的主渠道、重要平台，思政课教学要全面贯彻党的教育方针，坚持守正创新，将伟大建党精神有机融入课堂教学中，推出一系列政治导向正确、政治内涵深刻、形式新颖活泼的"金课"，对大学生进行信仰塑造。

（二）网络安全关乎国家安全

管好用好互联网，是新时代掌握新闻舆论阵地的关键，也是信仰塑造的关键。为此，必须坚持正能量是总要求、管得住是硬道理的原则；加强互联网建设、管理、运用，打好网络意识形态攻坚战，推动互联网这个"最大变量"释放"最大正能量"。特别是要深入实施包括信仰塑造在内的网络内容建设工程，加强网上正面宣传，旗帜鲜明地坚持正确政治方向、舆论导向、价值取向。

（三）在社会层面，引导社会成员确立正确的信仰评价标准和信仰选择的价值立场是信仰塑造的着力点

面对五花八门、形形色色的信仰体系，要想正确认识和科学选择信仰，必须首先确定信仰的评价标准。

1. 要具备科学性品格

信仰是一种主观性非常强的价值形态，若这种主观性建立在随意性的虚幻臆断之上，这种信仰就只能是背离人善良愿望的病态信仰。信仰必须建立在主体对世界的科学认识和评价的基础上，兼具现实性和真理性。科学揭示了生命与死亡的原因，回答了人类的起源，指明了人类的趋向，使我们有能力理解我们所说的意义。自然科学改变了人类的生活，科技的创新和成就给人们的文化和社会梦想带来了越来越多的可能性。自然科学发现的因果律和由此产生的哲学上的决定论之自然运动是有规律、有规则的信念。社会科学在某种程度上使我们能预见未来，给人一种安全感和力量。从这个意义上说，判断和选择一种信仰的前提就是该信仰是否具备科学性品格。

2. 要具备终极关怀品格

作为人们价值需要的理想满足，信仰应该以人为本，为人提供安身立命的精神家园。一种真正的、符合人之意义的信仰应该高扬信仰实践主体，尊重人的自由自觉的活动，尊重人的自我独特性，从本质上肯定人的意志、人的力量、人的自主创造精神和批判意识。它要在满足人的生存、发展需要之上，赋予人应享有的尊严和实现自由自觉活动的权利，肯定人的价值，并提倡人的自我价值和社会价值的统一。作为一种价值观念体系，这种信仰在赋予每个人丰富自我本质的可能性的同时，在鼓励人提高自我价值、丰富自我本质的基础上，应该在更高层次上回答人类社会将何去何从，提供人得以安身立命的归宿，抚慰人的终极关怀。

3. 要具备时代性品格

信仰作为人通过外在感受和内在自省、外部经验和内心直觉而产生的对人生、世界的判断与态度，对期望中的理想未来的肯定与认同，是与一定的实践水平、历史背景、时代精神密切相关的。人们理想中的精神家园是建立在不断发展的、现实的实践活动基础上的，舍弃了对人的当下关怀，人的信仰家园只能建立在缥缈的彼岸世界，失去了现实根基的人只能再一次迷失。实践理性中蕴涵的批判精神、创新态度和超越意识是信仰的宝贵品格，是信仰涵容务实性的、时代性的价值观的前提，它所形成的开放体系和宽广胸怀，能使变迁中的个人与社会形成良性的互动，能引导人类的精神价值观念沿着正常的历史逻辑路线向前发展。

另外，净化社会风气，厚培信仰植根于其中的健康社会土壤，也是信仰塑造的重要路径。要通过法制手段和正面宣传，营造积极向上的社会氛围。宣传教育部门要充分利用互联网新媒体技术，在深受青年喜爱的网络平台开展理论宣讲、开辟学习专栏。全国各地的红色旅游基地也是对参观者进行信仰塑造的路径之一。只有在信仰塑造方面形成合力，形成有利的环境条件，才能塑造新时代中国特色社会主义信仰。

附录 共产主义信仰是怎样"炼"成的?
——以王复生、王德三烈士的信仰建构为例

○冯　波　赵宝晨

王复生、王德三兄弟是两位毕业于北京大学的云南籍烈士,是中国早期的马克思主义者、中国共产党杰出的战士。他们双双为了共产主义理想而献出了宝贵的生命。

王复生(1896—1936)是云南籍第一位中国共产党员。1896年9月27日出生于云南省祥云县下川坝王家庄的一个书香寒士家庭,原名王濡廷。1917年考入北京大学文科预科班。在"五四"运动和新文化思潮,特别是李大钊等人的思想的熏陶下,王复生开始接受马克思主义。1920年3月,在李大钊的指导下,王复生与邓中夏等19名北大学生发起成立了中国第一个马克思主义研究团体——北京大学马克思学说研究会,积极翻译、宣传马克思主义。在宣传马克思主义的同时,王复生还参加了李大钊、邓中夏等领导的早期北方工人运动。1920年11月,李大钊发起、成立北京社会主义青年团,王复生是第一批入团的团员之一。1921年7月,王复生转为中国共产党党员(邓中夏是他的入党介绍人),受党组织派遣先后到陕西华县、绥德和广州等地建立党组织,宣传马克思主义。与此同时,王复生引领自己的两个弟弟王德三、王馨廷先后走上革命道路。1926年4月,王复生被党组织派往广州,在国民革命军政治部工作。5月,在国共合作的形势下,受党组织派遣,王复生回云南主持建立了以共产党员和国民党左派为骨干的国民党云南省临时党部,积极配合中共云南地方组织开展革命运动。那个时期,"王复生以国民党中央特派员的身份,

领导国民党云南省党部的筹备工作。而王德三则领导中国共产党在云南的建党工作。兄弟两人同时是两个中国最大的革命政党在一个省的负责人，这也是革命历史上的一段佳话"①。"四一二"反革命政变后，王复生遭军阀逮捕，后被王德三等人营救出狱。1928年6月，王复生按照党中央指示赴东北，在哈尔滨和齐齐哈尔等地开展革命活动。"九一八"事变后，日本帝国主义侵占我国东北，王复生遵照党组织的指示，在齐齐哈尔、讷河、黑河一带开展抗日统一战线工作，组织抗日活动，帮助抗日的军队——国军马占山部解决粮食和武器供应问题。同时，他还利用自己的各种社会关系开展抗日宣传，积极发展党员，恢复党的组织。1936年6月，日军在东北地区实行"大检举"、大搜捕，疯狂镇压抗日力量。6月13日，时任黑龙江民报社社长的王复生被日军宪兵队逮捕。日寇对王复生进行了残酷的刑讯逼供，逼他说出齐齐哈尔的党组织和抗日活动情况。他的胸骨、肋骨、腿骨全都被打断了，但他始终视死如归、严守党的机密，展现了共产党人的浩然正气和宁为玉碎、不为瓦全的铮铮铁骨，保持了共产党人宁死不屈的自我牺牲精神。在难捱的刑讯逼供过程中，王复生有时感到痛不欲生，但他说服自己，不能打自裁的主意，因为："我这样一死，日本宪兵会造谣我是畏罪自杀，这既侮辱了一个中国共产党员的称号，又会——更重要的是使他们加紧刑讯逼供其他被逮捕入狱的同志。我只要还有一口气，就可以为同志们多承担一点点责任，分散日本宪兵的注意力。要死，也得堂堂正正。无法和敌人真刀真枪地拼死在战场，也要让同胞知道日本人是怎样在众目睽睽之下把我杀害的。这不仅死得明白，还会在活着的中国人心中播下一粒仇恨日本帝国主义的种子。"②王复生以惊人的毅力做到了"向死而生"。1936年8月15日，王复生在齐齐哈尔北门外江坝被日军杀害，时年40岁。9年后的同一天，日本宣布投降，王复生烈士在九泉之下可以瞑目了。

王复生的弟弟王德三烈士（1898—1930）先于哥哥5年多去世。他于1898年7月出生，是中共云南省委第一任书记，为中国革命做出过不可磨灭的贡献。他和哥哥一样，在北京大学就读期间，成为北京大学马克思学说研究

---

① 杨式谷.忆革命先烈王德三等人的就义经过[M]//中共云南省委党史研究室，中共祥云县委宣传部.王德三遗文选.昆明：云南人民出版社，2019：182.

② 杨苏.王复生烈士（1896-1936）[M].昆明：云南教育出版社，2001：110.

会的成员；1922年加入中国共产党，成为中共早期党员（马克思学说研究会会员是后来北方建党、建团的基本成员，绝大多数会员成为早期党、团组织成员，并承担党、团领导工作）。利用兄弟轮流去陕西中学执教（因家境贫寒，两兄弟轮流去教书以供给兄弟们求学的费用）的机会，王德三奉命与李子洲等同志一起创建了陕北地下党组织，并承担主要领导工作。1926年，王德三被党派任黄埔军校教官。1927年，他奉命回云南领导党的工作，历任云南特委、临委、省委书记。大革命失败后，王德三在血雨腥风的恶劣环境下，有力地领导云南党组织坚持"八七"会议方针，在广大山区、民族地区、矿山、铁路沿线传播革命火种。1928年，他去莫斯科出席党的六大，途径东北，和哥哥见了面。那是他们见的最后一面。1930年11月19日，王德三在云南被捕。当时的云南省政府主席龙云许给王德三高官厚禄，王德三丝毫不为所动。龙云急电请示蒋介石是否将王德三等"滇省共党"重要分子"解京讯办"。1930年12月26日，蒋介石批复，让龙云将王德三等人就地处决。于是，在被捕51天后，1930年12月31日，王德三和其他三位被捕同志（第一届中共云南省委委员李国柱（团省委书记）、吴澄夫妇，同样毕业于北京大学、时任中共云南省委宣传部部长的张经辰烈士）一起英勇就义。据王德三夫人马冰清回忆，"德三同志被王少猷（时任云南省委委员）这千刀万剐的叛徒出卖了。据地下党内同志们当时掌握的情报是王少猷这罪该万死的东西，诳言骗他来昆明，整顿工作，收拾残局，于1930年11月19日在去安宁州的路上被捕的。他当时跳在水里躲藏，终于被王少猷这坏蛋带去的反动武装搜查追踪捕去了"①。一位叫赵国微的老党员回忆王德三等四位烈士就义时的场景："我从圆通山出来，刚巧碰上这几个同志被国民党反动派从五华山押赴刑场。沿途他们高呼口号。反动派很凶恶，用什么东西堵塞他们的嘴，把他们弄得口角流血。但他们毫不屈服，仍然高呼共产党万岁、高唱国际歌！充分体现了共产党员为共产主义事业献身、视死如归的英雄气魄，表现了共产党员的气节。"②当时，作为一个省

---

① 马冰清. 回忆王德三烈士[M]// 中共云南省委党史研究室，中共祥云县委宣传部. 王德三遗文选. 昆明：云南人民出版社，2019：175.
② 赵国微，口述. 陈颖，陈峻，记录. 回忆王德三同志英勇就义[M]// 中共云南省委党史研究室，中共祥云县委宣传部. 王德三遗文选. 昆明：云南人民出版社，2019：179.

的省委书记的王德三牺牲的消息传到上海，全党恸悼。

王复生、王德三烈士作为杰出的共产主义战士，他们的共产主义信仰坚定、视死如归。他们的信仰是怎样"炼成"的？通过分析他们的生命历程和自述、传记等文本，可以寻找到他们找到马克思主义、共产主义——建构并坚定共产主义信仰的路径。做此探究的理论价值在于：通过两个个案揭示出信仰形成并得以始终如一坚守的条件。在现实意义方面，这种探索对当代中国年轻人确立马克思主义信仰、共产主义信仰有启发意义。

一、经过五四运动的洗礼，对比不同的理论，王复生最终选择了马克思主义信仰并影响了他的两个弟弟

在北京大学求学期间，王复生是1919年北京大学参加五四运动的学生中的一员，亲历了火烧赵家楼等壮举。从那以后，他就立下了誓愿：要做有益于社会、国家、世界、人类的工作。为了纪念自己新的人生观的确立，王复生根据"从前种种譬如昨日死，今后种种譬如今日生"的古语，把自己的名字从原来的王濡廷改为"复生"。

就读于北京大学期间，勤勉的王复生博览群书，在古今中外众多学术思想中找到了马克思主义，从此就为马克思主义信仰贡献了他的一生。"王复生感悟到马克思主义理论无比强大的力量，不仅在于它论证时无懈可击的逻辑，而且还在于它那不可辩驳的真理性质。王复生读得那么入迷，感到自己完全被征服了，以至一段时间里，他把图书馆里有关马克思的中文和法文的单行本，都借来读了。"[①]李大钊在十月革命后发表的《庶民的胜利》《布尔什维主义的胜利》等文章，更坚定了王复生共产主义必胜的信念和信心。这些文章"如暗夜的明灯，似东方的曙光，像饥渴时的甘泉，点点滴滴，滋润心肺，把王复生完全征服了。往昔思想的摇摆与苦闷，上天入地的孜孜探索，日夜反复的苦苦追求，终于找到了一个归宿。真有点像《西游记》里唐三藏最后抵达西天获得了真经那样的愉快和幸福！因为，自己终于找到了值得为之奋斗一生的真理，这

[①] 杨苏.王复生烈士（1896-1936）[M].昆明：云南教育出版社，2001：100.

就是马克思主义,可以为之奋斗而牺牲自己的一切"①。

　　北京在年轻的王复生面前展现了一个无比广阔的世界,使他泅进无尽知识的海洋,奠定了自己的人生道路;也使他投进了中国共产党的怀抱,踏上为中国的新生而进行战斗的旅程!因此,王复生对北京是很有感情的。王复生用自己的学习、信仰影响了两个弟弟,他们也先后从遥远的云南来到北京,走上了追寻真理的道路。

二、志士仁人的榜样力量,使王复生坚守信仰、视死如归

　　中国自古以来就有很多为了坚守信仰而杀身成仁、舍生取义的志士仁人。国学素养深厚的王复生从先贤的身上汲取了养料,滋润自己的心田,为捍卫自己的信仰提供了强大的精神动力和心理支撑。

　　1926年"三一八"惨案发生后,王复生在为新滇社刊物《铁花》代写的宣言中这样写道:"已死的志士,牺牲是他们的夙愿,为求中国独立、自由,反抗八国通牒,而与帝国主义者及其走狗军阀官僚搏斗,不幸失败,以身殉职——将革命理论实证于民众之前,使民众都了然于帝国主义者及其走狗军阀官僚的罪恶贯盈,为吾大害,觉醒奋起——求仁得仁,自无所憾。我们未死的责任在继承诸烈士遗志,唤起民众,引导民众,打倒帝国主义者及其走狗军阀官僚,使中国独立自由完全实现。"② 同年4月14日,王复生在日记中写道:"现在,我决心了,决心牺牲一切,做国民革命,先锻炼得一个冷静的头脑,坚决的意志,万事自有商量处。"③

　　被捕后的王复生预感到自己极有可能会死在日本侵略者的枪口之下,他低声吟诵屈原的《国殇》诗句表达自己视死如归的决心:

　　　　出不入兮往不返,

---

① 杨苏.王复生烈士(1896-1936)[M].昆明:云南教育出版社,2001:298-299.
② 王复生."三一八"惨案宣言[M]//中共云南省委党史研究室.一门三杰——王复生、王德三、王馨廷烈士烈士纪念文集.北京:中共党史出版社,2009:13.
③ 王复生."三一八"惨案宣言[M]//中共云南省委党史研究室.一门三杰——王复生、王德三、王馨廷烈士烈士纪念文集.北京:中共党史出版社,2009:149.

> 平原忽兮路迢远。
> 带长剑兮挟秦弓,
> 首身离兮心不惩。
> 诚既勇兮又以武,
> 终刚强兮不可凌。
> 身既死兮神以灵,
> 魂魄毅兮为鬼雄。

1936年6月13日王复生被捕前,有一天同事闫达生问他如果被捕了该怎么办,王复生先是朗诵了明代著名政治家、军事家、诗人于谦的《石灰吟》作为回答①:

> 千锤万凿出深山,
> 烈火焚烧若等闲,
> 粉身碎骨浑不怕,
> 要留清白在人间。

接着,王复生又给同事讲了当地一位清代爱国志士袁眉峰——寿山将军的故事以激励他们捍卫国家民族尊严的决心与斗志。寿山将军和沙俄侵略者多次战斗,打退了侵略者的进攻。"但在清王朝的投降政策下,最后只有一百多人的义和团还在和他死守齐齐哈尔,抵抗用大炮和火枪武装的六千多沙俄士兵。在沙俄士兵攻进齐齐哈尔后,他自知守城无望,就穿戴好衣冠,睡在棺材里,叫士兵开枪射击他的头部,以身殉国。1928年,齐齐哈尔市人民怀念这位以死殉国的寿山将军,捐资在龙沙公园建了寿山祠来纪念他。……当国家和民族处于危难之时,都会有仁人义士为挽救国家民族,不惜以生命作代价。这正是中华民族的伟大所在,也正是中华民族永远不会被征服的原因"。②

1927年,王复生尊敬的李大钊先生在北京从容就义;1930年,自己很欣

---

① 转引自:杨苏.王复生烈士(1896-1936)[M].昆明:云南教育出版社,2001:4.
② 杨苏.王复生烈士(1896-1936)[M].昆明:云南教育出版社,2001:5.

赏的二弟王德三在昆明慷慨赴死。师长、弟弟的壮烈牺牲激励着王复生与日本侵略者斗争到底、绝不屈服、不怕牺牲的勇气和决心。

在生命的最后时刻，王复生勉励自己：作为中华民族的一分子，自己从小受这泱泱大国古老文化的熏陶，知道历史上不少仁人志士在国家存亡关头，或奋臂高呼、共赴国难，或从容就义、视死如归。现在，作为中国共产党初建时就入党的党员，自己虽然不能奔驰疆场、挥戈杀敌，但昂起高贵的头，绝不向敌人屈服、投降，保持中国共产党员的气节，视死如归，这一点是可以做到的。

三、对捍卫信仰的自我体认，使王复生、王德三"向死而生"

党的事业比自己的生命更重要，这是王复生、王德三兄弟的生命历程所呈现给我们的捍卫信念的样态。

1936年6月11日即王复生被捕的前两天，在一个高丽人开的烟馆里，交通员传达给王复生立刻动身去苏联的上级指示，说苏联方面已经做好接待他的准备。但是王复生反复想："我这一走，在还没有适当的人接替我之前，等于白白放弃了一个阵地。再说就算有人来接替我了，要熟悉从敌人公开的文件、资料、报刊等材料中筛选出有用情报，以提供给上级党组织和抗日队伍，也需要一个过程。这是一个很重要的工作，这工作就是党组织和东北抗日队伍的重要耳目，我怎么能说走就走呢！"[①]这种生的机会共有三次，但王复生都没走——为了党的抗战事业，他选择了"向死而生"。另外一次是1932年，苏联驻黑河的领事转达党组织的决定，要王复生过江去苏联，由他们安排他到莫斯科。这是当时许多共产党员向往的第一个社会主义国家的红都。但王复生没有考虑个人的安危，想的都是党的事业："日寇占领东北后，党组织需要搜集他们占领东北后的资料。我就生活在他们的野蛮统治下，是搜集这些资料的最有利条件，我一离开，新的人来代替我，他还需要花很长时间才能熟悉。可这

---

① 杨苏. 王复生烈士（1896–1936）[M]. 昆明：云南教育出版社，2001：6.

是日本人知道后就要杀头的工作，要花那么长的时间熟悉这业务危险太大，损失太大，我不能离开这战斗岗位去莫斯科！"①1935年秋，王复生再次选择了留在齐齐哈尔。那时，一个从哈尔滨来的交通员传达：驻苏联共产国际的中共代表希望王复生到哈尔滨或苏联工作，让王复生自己选择。这一次，他依然没有走，选择了留下——也是选择了死亡。

王复生被捕前不久发生了一件事：海拉尔省长与苏联暗中联系的事被日本特务发现了，日本特务以通知他去长春开会为由，把他从海拉尔骗到长春后杀害了。这件事对王复生的妻子郭焕章触动很大。她反复劝说他：东北已被日本人强占，在这里一家人朝夕难保，不如赶紧回南方去，那里毕竟还是自己的家园。但王复生板着面孔，严肃地对她说："现在我像钻在铁扇公主肚子里的孙猴子，应该趁着这工作顺利的时候，努力为赶走日本鬼子去做点事才对。不能因为有点风吹草动就停止工作。要有牺牲小我而成全大我的准备，才能从始至终体现大无畏的精神！"②在北大时主修外国文学、对西方文化很熟悉的王复生还用《圣经》故事中耶稣对十二门徒说的话向妻子暗示自己的选择。耶稣对十二门徒说："得着生命的，将要丧失生命。为我丧失生命的，将要得着生命。"王复生向妻子解释："为传教而牺牲的，将会永远留在教徒心中。那些在传播宗教事业中贪生怕死的，活着也会像死了一样，将永远被教徒唾弃。你想想，传播宗教都还需要这样的牺牲精神，何况要把一个贪婪的强盗赶出我们的祖国"！③

王德三烈士1930年11月22日在昆明五华山的监狱中写的六千余字的给父亲的遗书昭示了一个中国共产党人的气节、操守，感人至深④。

> 儿自信不有做了什么对不起父亲、对不起人类的事情。儿非病死短命，是被人压迫去成仁就义。从表面看来，父亲活生生的儿子，儿媳最亲爱的丈夫，纪儿最伟大的父亲，被人夺去，是最可悲恸

---

① 杨苏.王复生烈士（1896-1936）[M].昆明：云南教育出版社，2001：6-7.
② 杨苏.王复生烈士（1896-1936）[M].昆明：云南教育出版社，2001：7-8.
③ 杨苏.王复生烈士（1896-1936）[M].昆明：云南教育出版社，2001：49.
④ 王德三.狱中遗书[M]//中共云南省委党史研究室，中共祥云县委宣传部.王德三遗文选.昆明：云南人民出版社，2019：120-121.

事情。可是父亲是最达观的人，古言说："人各有一死，死有重于泰山，或轻于鸿毛"。儿已处此境地，如果要偷生苟活，那就要做出些无廉耻的事情，那时你儿子又有什么脸在人世上？天下人听见云南，就要骂王懋廷是个无耻的人。儿现时只有拿定主张，把身子献给人类了。

王德三为了劝慰父亲，让他不要为自己的牺牲而难过，用杀身成仁的志士仁人的选择向父亲解释自己为什么一定要选择宁可去死也不放弃共产主义信仰。他对父亲说："儿的思想信仰，完全与父亲不同，但是儿愿曲意解释，来宽慰父亲。其实任何道理都是相对的，都具有时间和环境的条件。父亲所处的时代和环境，形成了父亲的思想和信仰。儿虽曲意解释，均出于至性至情。只是用婉曲的话，把意思写给父亲。"[①] 和哥哥一样，王德三也有深厚的国学造诣。他们都能把中国的志士仁人杀身成仁、舍身取义的精神与共产党人为了信仰宁死不屈的精神自觉地结合起来。他们信仰和践行马克思主义、共产主义，绝不是为了一己私利，而是为了国家的强盛、人民的幸福。

总之，基于爱国、为民之立场，经历革命运动的洗礼，经过自己的苦苦追寻和对信仰的体认，加上志士仁人的榜样力量，王复生、王德三兄弟俩建构了崇高且坚韧的共产主义信仰、马克思主义信仰。现在，回顾他们的信仰炼成之路，未必能透彻、深入地体会烈士的崇高境界，但作为后辈，我们必须要有"虽不能至，心向往之"的追求。以此向两位北大的祥云籍英烈致敬！

附录1 王复生生命事件大事表

年份	年龄	主要事迹
1896	1	出生于云南祥云县王家庄
1912	16	考入云南省立第二中学（设在大理，被誉为滇西最高学府）
1917	21	考入北京高等师范学校（体育专修科）
1918	22	考入北京大学文科预备班

---

① 王德三. 狱中遗书 [M] // 中共云南省委党史研究室, 中共祥云县委宣传部. 王德三遗文选. 昆明: 云南人民出版社, 2019: 116.

续表

年份	年龄	主要事迹
1919	23	参加"五四"运动
1920	24	升入北京大学法国文学系。其间,参与发起了北大马克思学说研究会
1921	25	加入中国共产党
1922	26	休学,到陕西华县咸林中学任教;同时在陕西东部地区从事建党活动
1923	27	返回北大复学
1925	29	北大毕业后再赴陕西,在陕北绥德第四师范学校任教并开展党的工作
1926	30	从陕西回到北京,后被派到广州,在国民革命军政治部工作。随后又通过国民党中央以中国国民党云南省党部筹备员的身份回昆明,筹组中共云南组织和国民党省党部并联合各界力量倒唐(继尧)。7月,回到广州
1927	31	3月,被国民党中央任命为国民党云南省党部特派员,回到昆明,任务是在云南建立国民党组织。与二弟王德三并肩战斗。3月12日,主持召开云南省国民党党员大会,纪念孙中山先生逝世两周年,宣布正式成立以共产党员和国民党左派为骨干的中国国民党云南临时省党部,当选为执行委员,以中央特派员的身份领导临时省党部的工作。5月,在云南被捕。6月,被营救出狱。11月,在上海与郭焕章结婚。此后不久,王德三取道上海、东北去莫斯科参加中共六大,兄弟见面。王德三将伍豪(周恩来)派王复生到东北工作的决定告诉他
1928	32	偕妻子郭焕章到哈尔滨,在教育界开展党的秘密工作。7月,王德三、罗章龙出席六大后途经哈尔滨,与王复生见面。12月,王复生转到齐齐哈尔市(当时黑龙江省的省会)工作,先是任电报局局长秘书,后到《黑龙江民报》任副刊编辑
1929	33	到吉林省吉林市第五中学任教
1930	34	返回齐齐哈尔,在黑龙江省第一中学任教
1934	38	任黑龙江民报社社长兼总编辑
1936	40	在齐齐哈尔被日本侵略者逮捕、杀害

附录2 王德三生命事件大事表

年份	年龄	主要事迹
1898	1	出生于云南祥云县王家庄
1911	13	考入大理高等小学
1916	18	升入大理省立第二师范学校中学部

续表

年份	年龄	主要事迹
1919	21	转入昆明成德中学插班续读
1920	22	赴北京，准备报考北京大学
1921	23	考入北京大学物理系预科班，加入了北京大学马克思学说研究会
1922	24	经邓中夏介绍，加入中国共产党
1923	25	休学，到陕西华县咸林中学任教
1924	26	转到绥德第四师范任教，在陕北发展党组织
1925	27	回到北京大学复学，同时开展革命工作
1926	28	南下广州，到黄埔军校任教，并领导了黄埔军校政治部宣传科的工作，兼任广州大沙头第3军政治训练班主任
1927	29	回云南，任中共云南特别委员会书记。12月，中共云南临时省委成立，当选为书记
1928	30	去上海，向党中央汇报工作。作为六大代表，赴莫斯科参加中共六大
1929	31	中共云南省委成立，当选为第一届云南省委书记。与马冰清结婚
1930	32	被捕，牺牲

参考文献

1. 习近平：紧紧围绕坚持和发展中国特色社会主义 学习宣传贯彻党的十八大精神（2012年11月17日）[N/OL]. 人民网—人民日报，2012-11-19.

2. 习近平谈治国理政[M]. 北京：外文出版社，2014.

3. 习近平：做党和人民满意的好老师——同北京师范大学师生代表座谈时的讲话（2014年9月9日）[N/OL]. 人民网—人民日报，2014-09-10.

4. 习近平在中共中央政治局第二十次集体学习时强调：坚持运用辩证唯物主义世界观方法论，提高解决我国改革发展基本问题本领[N]. 人民日报，2015-01-25.

5. 习近平在文艺工作座谈会上的讲话[N/OL]. 人民网—人民日报，2015-10-15.

6. 习近平在党的十九届一中全会上的讲话（2017年10月25日）[EB/OL].（2017-10-25）[2017-12-31]. https://www.ccps.gov.cn/xxsxk/zyls/201812/t20181216_125687.shtml?ivk_sa=1024320u.

7. 习近平. 决胜全面建成小康社会 夺取新时代中国特色社会主义伟大胜利——在中国共产党第十九次全国代表大会上的报告[M]. 北京：人民出版社，2017.

8. 习近平在庆祝改革开放40周年大会上的讲话（2018年12月18日）[N/OL]. 人民网—人民日报，2018-12-19.

9. 葛兰西. 葛兰西文选[M]. 李鹏程，编. 北京：人民出版社，2008.

10. 本书编委会. 共产党员的信仰[M]. 北京：人民日报出版社，2017.

11. 陈培元. 村官常德胜[M]. 香港：麒麟文艺出版社，2010.

12. 陈荣富. 宗教礼仪与文化 [M]. 北京：新华出版社，1992.

13. 陈先达. 马克思主义信仰十讲 [M]. 北京：人民出版社，2018.

14. 陈雪. 对话陈廷敬 [M]. 北京：中华工商联合出版社，2018.

15. 蔡元培. 蔡元培文录 [M]. 北京：商务印书馆，2019.

16. 休谟. 宗教的自然史 [M]. 徐晓宏，译. 上海：上海人民出版社，2003.

17. 邓阿冷. 傈僳族民间故事 [M]. 昆明：云南人民出版社，1984.

19. 滇滩镇志编纂委员会. 滇滩镇志 [M]. 昆明：云南人民出版社，2014.

20. 渡边义浩. 关羽——神化的《三国志》英雄 [M]. 李晓倩，译. 北京：北京联合出版公司，2017.

21. 埃文斯-普理查德. 原始宗教理论 [M]. 孙尚扬，译. 北京：商务印书馆，2001.

22. 方国瑜. 云南史料丛刊：第三卷 [M]. 昆明：云南大学出版社，1998.

23. 方勇. 墨子 [M]. 北京：中华书局，2015.

24. 冯友兰. 三松堂全集：第五卷 [M]. 郑州：河南人民出版社，1986.

21. 范丽珠，JAMES D W，EVELYN E W. 宗教社会学：宗教与中国 [M]. 北京：时事出版社，2010.

22. 卡班，多尔蒂耶. 法国视角下的社会学史与社会学思想 [M]. 吴绍宜，主译. 夏其敏，参译. 北京：北京大学出版社，2010.

23. 傅勤家. 中国道教史 [M]. 北京：商务印书馆，2011.

24. 费孝通. 关于我国民族识别的问题 [J]. 中国社会科学，1980（1）.

25. 干春松. 儒家、儒教与中国的制度资源 [M]. 南昌：江西人民出版社，2006.

26. 葛兰言. 中国人的宗教信仰 [M]. 程门，译. 贵阳：贵州人民出版社，2010.

27. 葛兆光. 道教与中国文化 [M]. 上海：上海人民出版社，1987.

28. 葛兆光. 古代中国文化讲义 [M]. 上海：复旦大学出版社，2015.

29. 龚学增. 马克思主义宗教观与党的宗教工作方针 [M]. 北京：中央编译出版社，2007.

30. 费孝通. 乡土中国 生育制度 乡土重建［M］. 北京：商务印书馆，2017.

31. 沟口雄三. 李卓吾·两种阳明学［M］. 孙军悦，李晓东，译. 北京：生活·读书·新知三联书店，2014.

32. 顾忠华. 韦伯学说［M］. 桂林：广西师范大学出版社，2004.

33. 西美尔. 宗教社会学［M］. 曹卫东，译. 上海：上海人民出版社，2003.

34. 何光沪. 宗教与当代中国社会［M］. 北京：中国人民大学出版社，2006.

35. 何勇. 中国古代传播政策史［M］. 北京：中国传媒大学出版社，2019.

36. 贺麟. 文化与人生［M］. 北京：商务印书馆，1988.

37. 黄正良. 古镇宝丰［M］. 昆明：云南人民出版社，2008.

38. 洪修平. 中国佛教与佛学［M］. 南京：南京大学出版社，2016.

39. 中共中央文献研究室. 十八大以来重要文献选编（上）［M］. 北京：中央文献出版社，2014.

40. 列维－斯特劳斯. 忧郁的热带［M］. 王克明，译. 北京：中国人民大学出版社，2009.

41. 列维－斯特劳斯，埃里蓬. 亦近，亦远——列维－斯特劳斯谈话录［M］. 汪沉沉，译. 深圳：海天出版社，2017.

42. 托马斯. 16和17世纪英格兰大众信仰研究［M］. 芮传明，梅剑华，译. 北京：译林出版社，2019.

43. 赖永海. 宗教学概论［M］. 南京：南京大学出版社，2004.

44. 中共吕梁市委宣传部. 大道之行 天下为公——清官廉吏于成龙［M］. 北京：中共中央党校出版社，2018.

45. 卓新平. 中国宗教与文化战略［M］. 北京：社会科学文献出版社，2014.

46. 中国哲学（第3辑）［M］. 北京：生活·读书·新知三联书店，1980.

47. 李永鑫. 王阳明在浙江［M］. 杭州：浙江古籍出版社，2019.

48. 李申. 中国儒教史（上卷）［M］. 南京：江苏人民出版社，2018.

49. 廖小东. 政治仪式与权力秩序——古代中国"国家祭祀"的政治分析 [M]. 北京：中国社会科学出版社，2014.

50. 李守信，邵长婕. 墨子公开课 [M]. 北京：商务印书馆，2018.

51. 政协云龙县委员会. 云龙文史资料（第七辑）[M]. 昆明：云南民族印刷厂（内部资料），2013.

52. 章立明，等. 民族地区宗教信仰与社会秩序的民族志研究——以南传佛教文化区为例 [M]. 北京：人民出版社，2016.

53. 郑国. 变动社会下的信仰分化——上海灵学会研究 [M]. 北京：中国社会科学出版社，2017.

54. 张廷玉，等. 明史（卷一七一）[M]. 北京：中华书局，1974.

55. 张仲谋. 兼济与独善 [M]. 北京：东方出版社，1998.

56. 刘梦溪. 大师与传统 [M]. 北京：中国青年出版社，2007.

57. 刘迎胜. 丝绸之路 [M]. 南京：江苏人民出版社，2014.

58. 刘泽华. 先秦士人与社会 [M]. 天津：天津人民出版社，2004.

59. 陆学艺. 当代中国社会建设 [M]. 北京：社会科学文献出版社，2018.

60. 梁漱溟. 中国文化要义 [M]. 上海：上海人民出版社，2011.

61. 吕思勉. 先秦学术概论 [M]. 桂林：广西师范大学出版社，2010.

62. 詹石窗，盖建民. 中国宗教通论 [M]. 北京：高等教育出版社，2006.

63. 阿隆，贝尔，等. 托克维尔与民主精神 [M]. 北京：社会科学文献出版社，2008.

64. 勉维霖. 中国回族伊斯兰宗教制度概论 [M]. 银川：宁夏人民出版社，1997.

65. 中共中央马克思恩格斯列宁斯大林著作编译局. 马克思恩格斯选集（第1卷）[M]. 北京：人民出版社，1972.

66. 韦伯. 儒教与道教 [M]. 洪天富，译. 南京：江苏人民出版社，1997.

67. 韦伯. 马克斯·韦伯社会学文集 [M]. 阎克文，译. 北京：人民出版社，2010.

68. 马平安. 传统士人的家国天下——在庙堂与江湖间徘徊的读书人 [M].

北京：团结出版社，2018.

69. 恽代英. 恽代英全集（第五卷）[M]. 北京：人民出版社，2014.

70. 牟钟鉴，张践. 简明中国宗教史读本[M]. 北京：中国社会科学出版社，2015.

71. 潘光旦. 潘光旦：守住灵魂的底线[M]. 南京：江苏人民出版社，2018.

72. 宁欣. 唐宋都城社会结构研究——对城市经济与社会的关注[M]. 北京：商务印书馆，2009.

73. 秦家懿. 王阳明[M]. 北京：生活·读书·新知三联书店，2011.

74. 任继愈. 儒教问题争论集[M]. 北京：宗教文化出版社，2000.

75. 任杰. 中国共产党的宗教政策[M]. 北京：人民出版社，2007.

76. 岳永逸. 灵验·磕头·传说 民间信仰的阴面与阳面[M]. 北京：生活·读书·新知三联书店，2010.

77. 江荣海. 中国政治思想史九讲[M]. 北京，北京大学出版社，2012.

78. 金泽，陈进国. 宗教人类学（第二辑）[M]. 北京：社会科学文献出版社，2010.

79. 金泽，邱永辉. 中国宗教报告（2013）[M]. 北京：社会科学文献出版社，2013.

80. 景天魁，冯波. 时空社会学：记忆和认同[M]. 北京：中国传媒大学出版社，2017.

81. 唐振常. 蔡元培传[M]. 上海：上海人民出版社，2018.

82. 潘帅. 治家勉学存孝义——颜之推与颜氏家风[M]. 郑州：大象出版社，2016.

83. 圣凯. 中国佛教信仰与生活史[M]. 南京：江苏人民出版社，2016.

84. 沈泽江，任红伟. 信念与奋斗[M]. 北京：中国农业出版社，2019.

85. 石云霞. 当代中国价值观论纲[M]. 武汉：武汉大学出版社，1996.

86. 舒瑜. 微盐大义[M]. 北京：世界图书出版公司，2010.

87. 陶胜辉. 云龙县民族志[M]. 昆明：云南教育出版社，1994.

88. 王斯福. 帝国的隐喻[M]. 赵旭东，译. 南京：江苏人民出版社，

2008.

89. 宗教事务条例[M].北京：法律出版社，2018.

90. 王铭铭.中间圈："藏彝走廊"与人类学的再构思[M].北京：社会科学文献出版社，2008.

91. 王庆华，厉华.黑牢诗篇——白公馆·渣滓洞革命烈士诗文集[M].重庆：重庆大学出版社，1996.

92. 杨卓如.五云史探[M].北京：中国文史出版社，2016.

93. 吴华.信仰研究的四重逻辑与一种范式[M].宗教学研究，2019（2）.

94. 韦思谛.中国大众宗教[M].陈仲丹，译.南京：江苏人民出版社，2006.

95. 杨庆堃.中国社会中的宗教[M].范丽珠，译.成都：四川人民出版社，2016.

96. 杨善华，谢立中.西方社会学理论上卷[M].北京：北京大学出版社，2005.

97. 杨政业.本主文化论[M].大理：大理文化局（内部资料），2000.

98. 谢春涛.入党——40个人的信仰选择[M].成都：四川人民出版社，2016.

99. 许理和.佛教征服中国——佛教在中国中古早期的传播与适应[M].李四龙，裴勇，等译.南京：江苏人民出版社，2005.

100. 徐嘉瑞.大理古代文化史[M].昆明：云南人民出版社，2005.

101. 徐文明.中国佛教哲学[M].北京：宗教文化出版社，2008.

102. 姚志斌.致中和：修身·齐家·思危·居安[M].长春：吉林出版集团股份有限公司，2019.

103. 涂尔干.宗教生活的基本形式[M].渠东，汲喆，译.上海：上海人民出版社，2006.

104. 冯敏.唐代沿"丝绸之路"入华粟特人的文化认同与佛教信仰[J].法音，2017（2）.

105. 高志英，王东蕾.从王骥崇拜仪式看中缅傈僳族的多重认同演变[J].云南社会科学，2013（5）.

106. 郭静娜. 昙曜与云冈石窟［J］. 山西师大学报（社会科学版），2015（6）.

107. 蒋立松. 从汪公等民间信仰看屯堡人的主体来源［J］. 贵州民族研究，2004（1）.

108. 李华伟. 乡村公共空间的变迁与民众生活秩序的建构——以李村宗族、庙会与乡村基督教的互动为例［J］. 民俗研究，2008（4）.

109. 李华伟. 当代大陆儒教复兴之载体及其效用——历史视野下的反思［J］. 宗教学研究，2013（3）.

110. 李向平. 私人信仰与社会结构的变迁——中国信仰的社会学解读［J］. 探索与争鸣，2006（9）.

111. 李向平. 信仰及其秩序的构成——中国信仰社会学的理论视角［J］. 创新，2012（2）.

112. 李向平. 中国改革及其信仰转型［J］. 上海大学学报（社会科学版），2013（1）.

113. 李向平. 两种信仰概念及其权力观［J］. 华东师范大学学报（哲学社会科学版），2013年（2）.

114. 李向平. 信仰社会学研究要义——兼论信仰如何成为中国问题［J］. 上海大学学报（社会科学版），2013（1）.

115. 罗杨. 山上与山下：从清水祖师巡境仪式看社会的构成［J］. 社会，2019（4）.

116. 牟钟鉴. 中国宗法性传统宗教试探［J］. 世界宗教研究，1990（1）.

117. 嘉日姆几. 族群关系的仪式表达［J］. 西南民族大学学报（人文社会科学版），2017（2）.

118. 武大明. 云冈石窟早期佛教造像的多元化因素［J］. 山西档案，2017（3）.

119. 夏金华. 中古时期三夷教的消亡与外来宗教中国化的路径选择［J］. 华东师范大学学报（哲学社会科学版），2019（1）.

120. 熊迅. 仪式结构与国家认同：跨越中缅边境的傈僳族刀杆节［J］. 西南民族大学学报（人文社科版），2010（12）.

121. 徐东明. 西藏宗教信仰活动的社会学分析[J]. 西藏发展论坛, 2016（5）.

122. 宣朝庆. 关公信仰与商人精神——一种基于宗教社会学的分析[J]. 天津社会科学, 2006（3）.

123. 张原. 黔中屯堡村寨的抬舆仪式与社会统合[J]. 西南民族大学学报（人文社科版）, 2009（9）.

124. 赵敏. 洱海区域的盐井与南诏大理文化[J]. 大理学院学报, 2012（5）.

125. 陈斌. 民间信仰的社会学研究论纲[J]. 浙江社会科学, 2011（3）.

126. 李华伟. 互联网宗教的特点及传播规律[N]. 中国社会科学报, 2016-06-07.

127. 中共党员人数突破9000万[N]. 人民日报, 2019-06-30.

128. 王丹. 坚定政治信仰　把准政治方向[N]. 中国纪检监察报, 2019-03-14.

后 记

这本书的主体内容是我在中国传媒大学承担的两门选修课的授课成果。2012至2016年,我曾经给本科生开设过若干轮公选课——《佛教与中国社会》。2019年下半年,我为研究生开设公选课《信仰社会学》。

本书由我和肖明主编,杨江林和赵宝晨副主编,其他合作者还有:杨蔚(北京交通大学教授),高鑫睿(中国传媒大学硕士生),欧阳丽琴(滇西应用技术大学讲师),马杰(山东省滕州市张汪中学教师)。杨江林撰写的第七章凸显了信仰社会学的研究价值。

本书的顺利出版,要感谢中国传媒大学原文法学部孙杰书记和李怀亮学部长的大力支持!还要感谢中国传媒大学出版社的黄松毅编辑——她对本书的定位、角度提供了宝贵意见!欧丽娜编辑全程负责本书出版的各项程序,在此,我也深表谢忱!

将书稿交给出版社的时节,我于2019年9月18日向人事处递交了退休申请,并于七天后获知学校已经批准了我的申请。所以,这本书是我职业生涯结束的标志。回想1988年7月走出学习了七年的燕园、参加工作以来,经历了风风雨雨。1993年12月调入北京广播学院以来,我共承担过23门课程[思想政治理论课教师时期,承担过10门本科和研究生公共课程——马克思主义哲学原理,邓小平理论,中国文化概论,西方哲学史,现代西方哲学,中西哲学文化比较,马克思主义与当代社会思潮(研究生),西方马克思主义概论(研究生),社会学概论,马克思主义经典著作选读(研究生);社会学教师时期,承担过13门专业课和公选课——古典西方社会学理论,定性研究方法,文化人类学(本科和研究生),传播社会学,宗教社会学,佛教与中国社会，组织社会学，中国社会思想史，西方社会思想史，中国社会学史，社会建设与社会治理（研究生），社会性别研究，信仰社会学（研究生）]，最终以社会学人的身份结束职业生涯（2007年7月担任社会学系主任，2019年10月提出辞职并获得批准。学校于2019年10月下旬决定，社会学系和政法学院一起并入文化产业管理学院），我始终恪尽职守、兢兢业业、无怨无悔，也感谢中国传媒大学曾经给予我们社会学专业发展的机遇！2004年秋中传招收第一届社会学专业本科生以来，我作为中传社会学的掌门人，带领中传社会学教师共培养了十届本科生；从2007年开始，作为硕士研究生导师（分别为马克思主义原理专业和政治学理论专业），我也带过十个研究生。这"双十"是我在中国传媒大学辛勤耕耘的见证、成果，同时也很感恩学校给予我个人事业发展的空间！现在，在我即将退休、中传社会学系面临深度融入文化产业管理学院教学与科研相关领域之际，我想感谢中传社会学的学术共同体——朱依娜、谢进川、陈文玲、白宇、史乃新、邹千江、季蕾、王晓丽。正是大家的通力合作，才使中传社会学从无到有，取得了一定的成绩！社会学系的发展和刘丰海、黄璇、侯剑、李智、葛艳玲等校内兼职教师的支持也分不开，在此我也一并致谢！还要特别感谢中国社会学界陆学艺、景天魁等前辈对我们的关心，感谢沈原、陈文江、杨伟民、郭星华、陆益龙、郑少雄、罗大文、高鸽、张敦福、青连斌、刘中一、杨善华、陈学金、李君甫、李华伟、陈光金、范伟达、周伟文等社会学界同仁对我和中传社会学的支持！

  2017年10月，我的小天使贝贝来到我身边，用真挚、热烈、全心全意的爱陪伴我。我相信，他是为了让我确证他爱我而来的！因此，我要把这本书献给我的贝贝，以昭示我对他永远的爱，一如他对我那样！

冯波
2019-12-27

图书在版编目（CIP）数据

信仰与社会 / 冯波，肖明主编 . -- 北京：中国传媒大学出版社，2022.12
ISBN 978-7-5657-3147-1

Ⅰ.①信… Ⅱ.①冯…②肖… Ⅲ.①宗教社会学 Ⅳ.① B920

中国版本图书馆 CIP 数据核字(2022)第 011962 号

信仰与社会
XINYANG YU SHEHUI

主　　编	冯　波　肖　明
副 主 编	杨江林　赵宝晨
策划编辑	黄松毅
责任编辑	欧丽娜
封面设计	盛旺创意
责任印制	阳金洲

出版发行	中国传媒大学出版社
社　　址	北京市朝阳区定福庄东街 1 号　　邮　编　100024
电　　话	86-10-65450528　65450532　　传　真　65779405
网　　址	http://cucp.cuc.edu.cn
经　　销	全国新华书店
印　　刷	唐山玺诚印务有限公司
开　　本	710mm×1000mm　1/16
印　　张	11.5
字　　数	188 千字
版　　次	2022 年 12 月第 1 版
印　　次	2022 年 12 月第 1 次印刷
书　　号	ISBN 978-7-5657-3147-1/B・3147　　定　价　58.00 元

本社法律顾问：北京嘉润律师事务所　　郭建平